子どもの幸せを生み出す

潤いのある学級・学校づくりの理論と実践

確かな学力を育み、いじめ・不登校等を低減する
「勇気づけ教育」の組織的展開とその効果

久我 直人 著

ふくろう出版

立　志 （こころざしをもとう）

「かけがえのない存在としてのあなたへ」

この世に，一人として同じ人間はいない。

あなたという人間は，この世にたった一人しかいない尊い存在である。

あなたの中には，あなたも知らないすばらしい能力が眠っている。

あなたの中には，人を幸せにするすばらしい優しさがある。

自分の中のそのすばらしい能力を磨き，輝かせることができるのは，

あなた（自分）しかいない。

自分の中のそのすばらしい優しさを，人のために使えるのも

あなた（自分）しかいない。

（磨かなければ，輝かない。使わなければ，優しさは伝わらない。）

まず，自分のよさを見つめよう。

そして，その自分のよさを生かした夢をもとう。

夢に向かって，自分の可能性を信じて，自分を磨き，鍛えよう。

そして，人や社会に貢献し，まわりの人から感謝されるような，

幸せを生み出す存在となろう。

たった一度のかけがえのない自分の人生を

志をもって最大限に輝かせよう！

はじめに

　様々な教育問題が生起し，教育の困難性が増すなか，学校教育には明日の「学力向上」と「いじめ・不登校等の低減」が強く求められています。評価の時代に入り，学校教育本来の「人格の完成」という 20 年後，30 年後の評価に対応する教育から，明日の学力，いじめの件数，不登校生徒数の「数値」としての改善が求められるようになりました。

　本書は，子どもの変容（「学力向上」と「生活の安定」＝学びでの頑張りと生活での優しさ）を機能的に生み出す（すぐに役立ち，ずっと役立つ）『効果のある指導』を組織的に展開することを提案するものです。

　その具現のための指導論（「効果のある指導とは？」）と，組織論（「組織化しにくい教職員を組織化する組織マネジメントの手順とは？」）とを融合した学校改善の理論とその実践をまとめています。

　「負の連鎖」に陥る傾向にある学校教育に「正の循環」を生み出す「勇気づけ教育」を通した「自分への信頼」（自尊感情）の醸成の効果について，実践事例を踏まえてまとめました。

　具体的には，今日的な教育課題をデータに基づいて整理し，子どもの「頑張り」と「優しさ」を引き出す『勇気づけ教育』の必要性をエビデンスベースで可視化しました。それを組織的に展開することにより，数ヶ月で生徒指導困難校の改善を実現した実践事例を紹介しています。この取り組みは，単に，生徒指導困難校の改善に資するだけでなく，安定した学校のさらなる活性化を促す機能も備えています。

　本書は，忙しい学校の先生方にも視覚的にとらえ，読みやすくするためにプレゼンテーションブックとしました。右にプレゼンスライド，左にその説明という配置です。

　また，この内容につきましては，平成 27 年 4 月 21 日に文部科学省から依頼を受け，中央教育審議会『チームとしての学校・教職員の在り方』の作業部会でも報告させていただきました。委員の方々から強い反応をいただき，

ある委員の方には「学校の改善への希望を感じました」という声もいただきました。私としましては，まだまだ磨き上げなければならない部分があると感じていますが，一定の評価をいただけたことを喜んでおります。

　本書は，これまでの学校現場の先生方のご教授と，実践研究を共同的に進めさせていただいた成果物ととらえています。本書が，学校現場で奮闘されている先生方のやりがいと明日への勇気の一助となることを願っております。

令和元年9月　鳴門教育大学　久 我 直 人

本書の構成

本書の構成
1. 今日的な3つの教育課題 　①子どもが抱える教育課題 　②教師の指導の質的課題 　③学校の組織上の課題 2. 3つの教育課題解決（3連立方程式の解） 　①「信頼」（支持的風土）づくり 　②「規範」づくり 　③「学力向上」について 3. 組織的な取り組みによる改善事例

　まず，今日的な教育課題について，3つの視点から整理します。

　第1に，子どもの学びや社会性の実態とその課題です。

　第2に，教師の指導の質的課題です。「自ら学ぶ力の育成」が叫ばれて長い年月が経過していますが，未だ，一斉画一型の指導に傾斜しがちです。

　第3に，学校の組織上の課題です。第3の教育改革のなか，多様な業務が学校に持ち込まれ，教職員の業務量の増加と質的な高度化が進んでいます。そのなかで，教職員の自己完結的に仕事をこなそうとする意識が高まり，結果として組織感覚が低下している状況が読み取れます。

　次に，これら3つの課題を一つのこととして，3連立方程式の解を求め，同時に解決する教育再生のシナリオを明示します。

　最後に，このシナリオを導入した実践研究校での改善の過程を示し，学校の組織化を通した教育改善の手順をまとめていきます。

子どもの幸せを生み出す
潤いのある学級・学校づくりの理論と実践

目　次

立　　志 ·· i

はじめに ··· ii

本書の構成 ··· iv

目　　次 ·· v

第 1 章　日本の教育課題の整理と「効果のある指導」

1.　学校教育の機能と育みたい力 ··· 2

2.　子どもにとって「学校で学ぶことの意味」と「生きる力」··········· 2

3.　学力保障にかかる課題 ·· 4

4.　社会性の醸成にかかる課題 ·· 4

5.　「I」眠れる力，「We」の世界の縮小 ·· 6

6.　不透明な社会を自ら切り拓く「たくましさ」と「しなやかさ」······ 6

7.　子どもの学習観；教師への依存傾向（not 自主・自立（律）型）；
　　日本青少年研究所データ（2010）より ······································ 8

8.　自校の子どもの特徴を概観してみる ··· 8

9.　「7・5・3 問題」の社会的背景 ·· 10

10.　教師に求められる力 ·· 10

11.　優れた教師の 3 つの視座（久我，2018 参照）······················· 12

12.　教師の指導上の課題；第 1 の視座に留まる傾向 ······················ 12

13.　日本の教師特有のビリーフ（信念）·· 14

14.　日本の教師の自己効力感；OECD データより ··························· 14

15.　枝葉での対応（行動レベル）·· 16

16.　根幹での対応（価値レベル）·· 16

17.　「3 つの視座」に基づく教育の在り方 ······································ 18

18.　自校の教育の質的特徴を概観してみる ····································· 18

19.　学校の組織上の課題 ·· 20

20.　学校の組織特性と今日的課題 ··· 20

21.　自校の学校組織の特徴を概観してみる ····································· 22

22.　学校教育の今日的課題の整理；3 つの課題＋ 1 ······················· 24

23.　3 連立方程式の解を求める ·· 24

24.　3 連立方程式の解のイメージ ··· 26

25.　日本の学校教育の問題対応上の課題 ·· 26

26.　子どもが頑張り，優しくなる条件を探る ································· 28

27. 子どもの「頑張り（Iを伸ばし）」と「優しさ（Weの世界を広げる）」
    を発揮させる「自分への信頼」 ………………………………………………… 28
28. 「子どもの意識と行動の構造図」から読み取れるポイント ………………… 30
29. 自分への信頼が低い実態；日本青少年研究所データより …………………… 32
30. 自分自身への不信傾向；日本青少年研究所データより …………………… 32
31. 負の子どもの意識と行動の構造 …………………………………………………… 34
32. 「自分への不信」を起因とする学力低下やいじめ・不登校 ………………… 34
33. 学級・学校経営の浮沈を握る特別な配慮を必要とする子 ………………… 36
34. 安心・安全な「心の基地」を得にくい子どもの内面理解 ………………… 36
35. 信頼関係の構築とその効果 ………………………………………………………… 38
36. 自分への信頼を高める「勇気づけ」教育 …………………………………… 38
37. 心をつなぐボイスシャワーの実践イメージ …………………………………… 40
38. ボイスシャワーの実践とその効果 ……………………………………………… 40
39. 子どもの安心・安全な「心の基地」を組織でつくる ……………………… 42
40. 「I」を伸ばし，「We」を広げる源泉＝自分への信頼 …………………… 42
41. 教師と子どもの信頼関係のもとで内実する学びと社会性 ………………… 44
42. 教師と子どもの信頼関係がもつ教育効果 …………………………………… 44
43. ポジティブ・フォーカスとネガティビティ・バイアス …………………… 46
44. 求められる教師の「まなざし」の転換 ……………………………………… 46
45. 「心理的安全性」が生み出す集団活力のメカニズム ……………………… 48
46. 「相互承認」の取り組みを通した「心理的安全性」の醸成 ……………… 48
47. 「自分への信頼」と「心理的安全性」を高めるポジティブ・フォーカス … 50
48. 心理的安全性を醸成する子どもの「相互承認」のしくみ ………………… 50
49. 組織的な規範づくり（しつけ） ………………………………………………… 52
50. 「人のことを大切にして聞くこと」の指導の教育的価値 ………………… 52
51. 効果的な「しつけ」の３段階 …………………………………………………… 54
52. 凡事徹底による「行動の安定」と「自分への信頼」の高まり ………… 54
53. 学力向上につながる「効果のある指導」 …………………………………… 56
54. 「I」を伸ばすポイント ………………………………………………………… 56
55. やる気と能力を引き出す２つの要素 ………………………………………… 58
56. 「学びのポートフォリオ」シートの理念と効果 …………………………… 58
57. 「自分のよさ確認シート」の必要性 ………………………………………… 60
58. 能力を引き出し，発揮させる「効果のある取り組み」 …………………… 60
59. 学力向上の重要なファクター …………………………………………………… 62

60. 学力向上を生み出す「目標の連鎖」と「家庭学習量の増加」 ·················· 62

61. 目標を行動目標とつなぐ ·················· 64

62. 目標設定を促す「勇気づけ面談」 ·················· 64

63. 主体的・対話的な深い学びの展開イメージ ·················· 66

64. 学び合いを生み出す「聞き方スキル」 ·················· 66

65. 「学び合う授業づくり」の条件 ·················· 68

66. ラーニングピラミッド；学習定着率 ·················· 68

67. 子どものエネルギーを活用した「勇気づけ」「規範づくり」「学びづくり」····· 70

第2章 実 践 編

68. 生徒指導困難校の改善への挑戦 ·················· 74

69. 共同研究の経緯 ·················· 74

70. 初めての学校訪問（2011年11月）；A中の生徒のよさと課題 ·················· 76

71. 自分のエネルギーの出し方を見失った迷子状態 ·················· 76

72. 「A中大好きプロジェクト」の策定 ·················· 78

73. 「子どもの意識と行動に適合した効果のある指導」を基本にした
「I」を伸ばし，「We」を広げる『道しるべ』を明示する ·················· 78

74. 夢実現プロジェクト（「I」を伸ばす） ·················· 80

75. 学びのポートフォリオとボイスシャワー ·················· 80

76. イベント実行プロジェクト（「We」の世界を広げる） ·················· 82

77. 生徒の自学，自治能力を高める取り組み ·················· 82

78. 優しさいっぱいプロジェクト（Weの世界を広げる）；規範づくり ··········· 84

79. 将来に生きる学びプロジェクト（Iの伸長） ·················· 84

80. 「人のことを大切にして聞くこと」の徹底 ·················· 86

81. 「人のことを大切にして聞くこと」から始まる「I」の伸長と
「We」の世界の広がり ·················· 86

82. 「初期指導」の有効活用 ·················· 88

83. 組織的で，多次元的な「聞くこと」の指導 ·················· 88

84. 組織的な取り組みの効果を高める「一点突破型の指導」と
ストーリー性のある展開 ·················· 90

85. 実践の経過 ·················· 92

86. 動き出したA中学校（4月・5月） ·················· 94

87. 動き出した A 中学校（6月）‥‥‥‥‥‥‥‥‥‥‥‥‥‥‥‥‥‥‥‥ 94

88. 生徒の変容；自分への信頼，被受容感 ‥‥‥‥‥‥‥‥‥‥‥‥‥‥‥ 96

89. 生徒の変容；学びへの意識 ‥‥‥‥‥‥‥‥‥‥‥‥‥‥‥‥‥‥‥‥ 96

90. 生徒の変容；教師への信頼 ‥‥‥‥‥‥‥‥‥‥‥‥‥‥‥‥‥‥‥‥ 98

91. 生徒の変容を生み出した教師の取り組み ‥‥‥‥‥‥‥‥‥‥‥‥‥ 98

92. 教師の変容；価値づけ・勇気づけ ‥‥‥‥‥‥‥‥‥‥‥‥‥‥‥‥ 100

93. 教師の変容；生徒への「まなざし」‥‥‥‥‥‥‥‥‥‥‥‥‥‥‥‥ 100

94. 生徒の変容の自覚；アンケートの記述から ‥‥‥‥‥‥‥‥‥‥‥‥ 102

95. 生徒会の生徒によるワークショップ；24.3 ⇒ 25.1 の変容 ‥‥‥‥‥ 102

96. 学力・問題行動での変容 ‥‥‥‥‥‥‥‥‥‥‥‥‥‥‥‥‥‥‥‥ 104

97. A 中の変容を支えたもの；生徒の「自分に対する信頼」の変化 ‥‥ 104

98. 子どもの「成長の木」のイメージ ‥‥‥‥‥‥‥‥‥‥‥‥‥‥‥‥ 106

99. 「幸せの最大化」（正の循環）を生み出すメカニズム ‥‥‥‥‥‥‥ 106

100. 組織化（教師の協働）による教育改善（子どもの変容）の可能性 ‥‥ 108

101. 学校改善を生み出す 2 つの条件 ‥‥‥‥‥‥‥‥‥‥‥‥‥‥‥‥ 108

102. 「効果のある指導」を通した「3 つの視座」の獲得 ‥‥‥‥‥‥‥‥ 110

103. 学校の 3 つの課題を同時に解決する学校組織マネジメント ‥‥‥‥ 110

104. 教師の主体的な組織化を促す学校組織マネジメントの流れ
「教師の主体的統合モデル」（久我 2013 援用）‥‥‥‥‥‥‥‥‥ 112

105. 自校の子どもの実態を概観する省察シート ‥‥‥‥‥‥‥‥‥‥‥ 114

106. 自校の子どもの実態に応じた「効果のある取り組み」の設定 ‥‥‥ 114

107. 自校の学校改善プランをイメージする ‥‥‥‥‥‥‥‥‥‥‥‥‥ 116

108. 学校改善プランを推進するミドルリーダーに求められる実践力 ‥‥‥ 116

参考文献 ‥‥‥‥‥‥‥‥‥‥‥‥‥‥‥‥‥‥‥‥‥‥‥‥‥‥‥‥‥ 119

おわりに ‥‥‥‥‥‥‥‥‥‥‥‥‥‥‥‥‥‥‥‥‥‥‥‥‥‥‥‥‥ 120

ix

第 1 章

日本の教育課題の整理と
「効果のある指導」

1 学校教育の機能と育みたい力

そもそも，学校とは何のためにあるのでしょうか？

最も学校生活で多くの時間を費やすのは，「授業」です。当然，全ての子どもに一定水準の学力を身につけさせ，知識基盤社会を生き抜く基礎力を陶冶するという使命があります。「学力保障」が学校教育の主たる機能です。

また，授業を「学習集団」とすると，もう一つ「生活集団」としての側面を学校（学級）はもっています。

この生活集団は将来のミニ社会としての機能を有し，集団としての規範や人としての振る舞いを学ぶ場として位置づけられます。つまり，「社会性を醸成する」機能です。

生きる力は，その両面からなり，その重なりで高められます。

2 子どもにとって「学校で学ぶことの意味」と「生きる力」

子どもに「なぜ，学校へ行かなきゃいけないの？」と問われたら何と答えるでしょうか？

この問いは，原初的ですが，とても重要な問いと考えます。

その答えとして，私は子ども達に次のように話しています。

「みなさんには，自分も知らないすばらしい能力があります。その能力は，磨かないと見えてきません。学びながらできることを増やし，能力を磨いて，将来，「なりたい自分」になれるようにするために学ぶんですよ。

それと，もう一つ理由があります。いくらできることが増えても，人とつながることができないと「なりたい自分」になれません。人とつながるためには，みなさんのなかにある優しさを使います。人を大切にして生活すると，人からも大切にされるようになります。自分の能力を磨き，人とつながることで，「なりたい自分（夢）」に近づいていきます。つまり，将来，幸せになるために学校で勉強しているのですよ。」

第1章　日本の教育課題の整理と「効果のある指導」

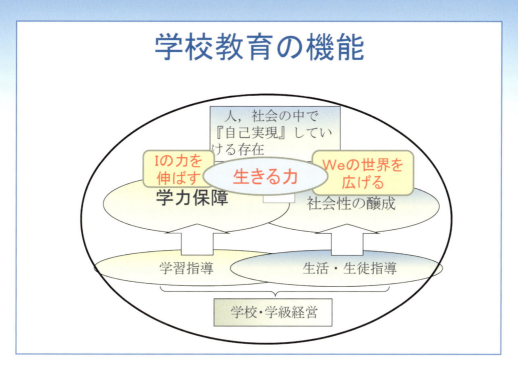

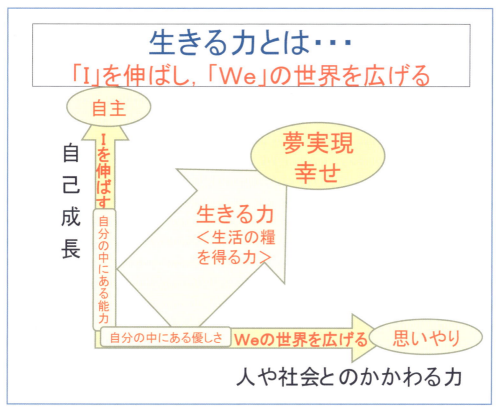

3 学力保障にかかる課題

しかし，実際はどうでしょうか？「学力のふたこぶらくだ化」等の言葉で，学力の低下が叫ばれています。1982年の「小学校国語・算数到達調査」（国立教育研究所）の結果から，6年生の国語で24.8％，算数で16.9％の学習遅滞（下学年の平均点を下回る）が生じていました。それが，「PISA2003」等の分析では，3分の1強の子ども達が学習遅滞の状況にあり，その格差は広がる傾向にあります（以上，田中，2008を参照）。

この現象について，苅谷（2001）等は，子ども達の「意欲格差」に起因するものと分析し，特に中下位層の子ども達の学びへの意欲・努力の低下を指摘しています。

4 社会性の醸成にかかる課題

一方，子ども達の規範意識や他者意識はどうでしょうか。優しさや思いやりを発揮しながら生活できているでしょうか。昨今のいじめや学級崩壊の状況等に暗い影を感じます。

学級集団の状況を読み取る視点として，①子ども同士の人間関係の状態と，②集団のルール（規範意識）があります。

例えば，強い子がわがままを言い，弱い子が不当な扱いをされている様子が見受けられれば，気をつけなければなりません。

また，掃除や宿題の提出等やるべきことがなされずに，欲求のままの行動や怠慢・怠惰な行動が見られれば，気をつけなければなりません。集団の崩壊（「負の連鎖」）は，将棋倒しのように連鎖して広がっていきます。集団の規範は，自然と生まれることが難しく，放任していると崩壊の方向へ進んでいきます。

「正の循環」を生み出すためには，教師が子どもの優しさや努力を日常のなかでとらえ，価値づけることが必要となります。そのことを通して，何が大切かを考える集団へと成長していきます。

「負の連鎖」の学級で子ども達が学ぶことは，自分勝手や他者不信です。まさに，「負の社会化」がなされるということです。

第 1 章　日本の教育課題の整理と「効果のある指導」

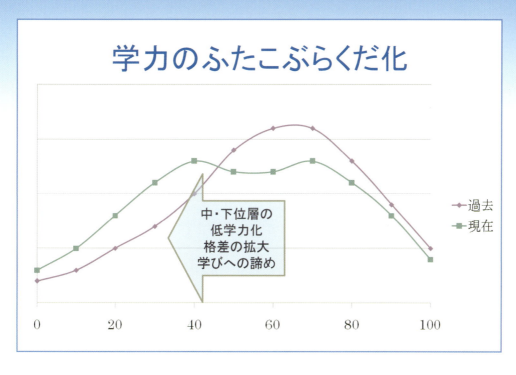

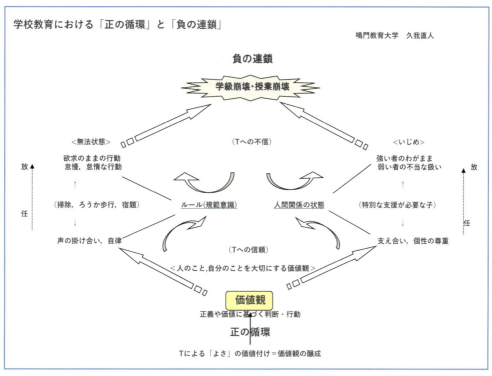

5 「I」眠れる力，「We」の世界の縮小

　私は，年間数十校の学校訪問を重ねています。そこから見える子ども達の学びと生活の様子について，この子達は「本気で学んでいるか？」「持てる優しさを発揮しているか？」という視点で見ると，多くの学校・学級で，「まだまだできる」「子どもの能力や優しさは，こんなものではない」，という気持ちになります。

　極端な学校・学級では，授業中伏せてしまっている子やおしゃべりを続けている様子も日常化しています。そこでは，学びへの「あきらめ」や他者意識を欠いた「わがまま」が横行し，子ども達は「負の学び」をしていることが読み取れます。

　結果として，「Iの伸長」は実現せず，「眠れる能力」として潜伏し，「Weの世界」は広がらず，結果として生きる力が矮小化してしまっているということです。学校教育の本来の機能とは逆の学びを黙認していることになります。

6 不透明な社会を自ら切り拓く「たくましさ」と「しなやかさ」

　AI時代が到来し，システム化できる職業の多くが自動化し，現在，12歳の小学校6年生の子どもたちが，大学を卒業する10年後には今ある多くの職業が無くなり日本の社会の在り方が大きく変わると言われています。そのような不透明な社会を生き抜く子どもたちに，携えるべき主要な資質・能力として，①自分の考えを，根拠をもって語れる「自立」するたくましさ，②異質な他者と「協働」するしなやかさ，そして，③自他のアイディアを有機的に融合させた集団思考を通して新たなものを「創造」する生み出す力，が求められています（第3期教育振興計画：文部科学省）。

　これら求められる資質・能力とは裏腹に社会へ出た若者たちの現実として，中学，高校，大学卒業後3年以内の離職率が7割，5割，3割と言われる「7・5・3問題」があります。この背景には，一斉画一的な昭和型の教育が続けられてきたことがあることに早く気がつかなければなりません。

第1章　日本の教育課題の整理と「効果のある指導」

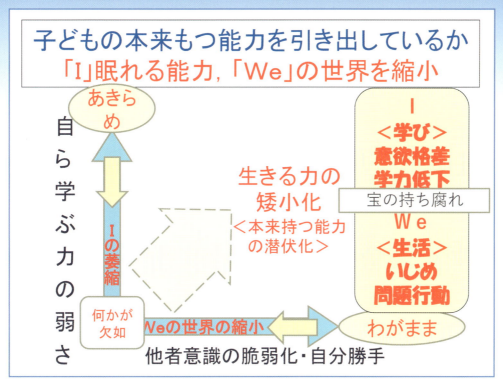

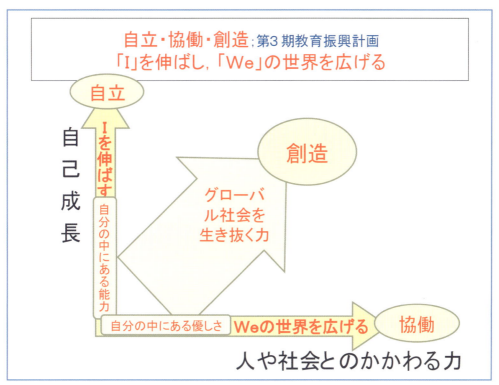

7 子どもの学習観；教師への依存傾向（not自主・自立（律）型）；日本青少年研究所データ（2010）より

　子ども達の学習観が教師に依存している傾向が，データからも読み取れます。「どのような授業が好きですか」という問いに対して，「教科書の内容をきちんと教え，覚えさせる授業」の肯定意見が，米国・韓国の約2倍と高い一方，「生徒によく発言させる授業」の肯定意見は，全体の1/3程度にとどまり，他の3国と全く異なった傾向を示しています。

　つまり，日本の子ども達は，「教師主導の教え込み型の教育」を好み，自分の思考や判断を求められる「子ども主体の自律型の学習」をあまり好まない傾向にあることがとらえられます。

　子ども達の学習観を「自分の夢実現のための学び」というものに昇華できると，自律的な自学が生まれ，活用型の学力にも大きく機能すると考えます。

8 自校の子どもの特徴を概観してみる

　ここで一度立ち止まって，自校の子ども達の特徴を概観してみましょう。自校の子ども達の「I」は十分に伸びているでしょうか？「We」の世界は広がっているでしょうか？

　生徒指導上の問題はそれほど顕在化していないのですが，個々の子どもの努力や活力に欠ける学校が比較的増えています。よく見ると子どもが，保身的な理由で，数人の仲間をつくって安定しようとする傾向もうかがえます。そのような恣意的な仲間関係では，仲間はずれにされないようにストレスを感じながら仲間とつながろうとしている姿もとらえられます。また，学びを放棄し（Iは伸びず），問題行動が頻発する（Weの世界が広がっていない）「崩壊型」の学校・学級も残念ながら見られます。

　我々は，学校教育の基本機能を踏まえ，子どもが持てる能力を磨き，優しさを発揮し合うような「活力活性型」の学校・学級づくりを進めなければなりません。

第1章 日本の教育課題の整理と「効果のある指導」

どのような授業が好きですか（「好き」+「どちらかといえば好き」）	日本	米国	中国	韓国
教科書の内容をきちんと教え、覚えさせる授業	71.4	31.2	64.9	39.6
生徒によく発言させる授業	33.4	73.4	91.6	52.4
生徒の観察力や応用力を発揮させる授業	55.6	79.3	96.3	69.9

（出典）高校生の勉強に関する調査（2010年4月）
財団法人 一ツ橋文芸教育振興協会、財団法人 日本青少年研究所

他律的な学習観

（一部筆者加筆）

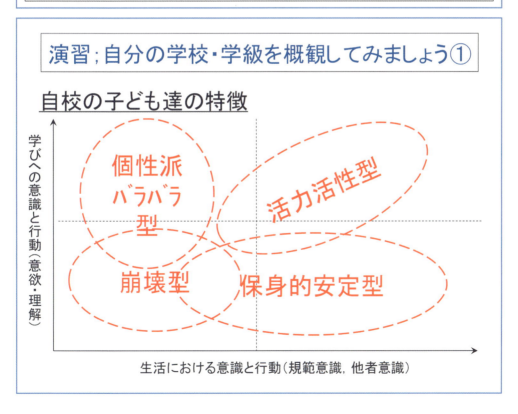

演習；自分の学校・学級を概観してみましょう①

自校の子ども達の特徴

（縦軸）学びへの意識と行動（意欲・理解）
（横軸）生活における意識と行動（規範意識, 他者意識）

個性派バラバラ型／活力活性型／崩壊型／保身的安定型

9

9 「7・5・3問題」の社会的背景

　「7・5・3問題」の要因として，大きく2つのことが考えられます。まず1つ目は，社会的要因です。成果を求める企業の体質の変化が，働く者に実績を求め，その数値で追い込むこととなります。

　社会全体が保身的で利己主義の方向へシフトする傾向が強まっているようにとらえられます。結果として社会全体が孤立社会，無縁社会へと進行していることが強く感じられます。困ったときに助け合う支持的な文化，人と人のつながりを大切にしてきた日本の絆文化が崩壊の方向へ向かい，社会へ出て行き詰まっている若者を救いきれない現状が浮かび上がってきます。

　もう一つの要因として，日本の教育の特徴である一斉画一を基本とする「教え込み型」の教育が挙げられます。上述の日本の子どもが好む授業スタイルというのは，日本の教育がそのスタイルを基本としていることに起因しています。また，他律的な「教わる教育」を積み重ねることによって，子どもの学習観が，「学びとは教師から教わること」という他律的なものとして位置付いてしまうという弊害ももたらします。昨今，社会から教育の成果として，結果としての学力向上を求められることによって，さらに，教師主導の傾向を強めることとなっています。結果として，子どもの教師依存型の思考が強められることとなってしまっているととらえられます。

10 教師に求められる力

　学力低下やいじめ，不登校等の問題が叫ばれるなか，子ども達が本気で学び，思いやりをもって生活している学級があります。

　その学級の先生の指導にはどのような特徴があるのでしょうか？また，どのような「教育観」や「子ども観」をもっているのでしょうか？

　「生きる力」を育む教師の在り方を見ていきましょう。

第1章　日本の教育課題の整理と「効果のある指導」

7・5・3問題の社会的背景

<学校>
教え込み型の教育・・・従順さを求める教育
　　　　「学力向上」への社会からの要求
　　　　　　子ども；教師依存型の思考
<会社>
数字（結果）を求める上司からの圧力
　　　　　　人材を育てる懐が矮小化
<社会>
保身的・利己主義的・・・人のことより，自分のこと
　　　⇒結果としての孤立社会・無縁社会へ

自ら学び，人とつながりながら
たくましく生きる子どもを育てる
教師の在り方

どのような力が教師に求められ
ているか

11 優れた教師の３つの視座（久我，2018 参照）

　確かな学力を育み，まとまりのある学級づくりをすすめる優れた教師は，３つの視座をバランス良く駆動させています。

　第１の視座は，子ども達に，何を，どのようにするのか（内容と方法）を明確に示す，「わかりやすく教える視座」です。明確な指示・教示をして，子ども達が迷わず学習できるようにする視座です（教示の視座）。

　第２の視座は，子どもに，自ら課題を設定し，問題解決したり，自治的に生活改善したりする場と時間を保障し，「自ら学ぶ力・自律性を培う視座」です（下支えの視座）。

　第３の視座は，子どもと人対人として向き合い潤いのある信頼関係を築く「勇気づけの視座」です。子ども達が発揮する頑張りや優しさをポジティブ・フォーカスで価値づけ，人として大切なことを学び合う視座です（信頼を結ぶ視座）。

12 教師の指導上の課題；第１の視座に留まる傾向

　優れた教師が３つの視座をバランス良く展開しているのに対して，日本の多くの教師は，授業では「教えること」，生活では「指導すること」に傾斜しがちです。授業においては，チョークとトークの一斉画一型，教え込み型の授業が多く，子ども達の教師依存を強める結果となっています。

　また，日常の生活での規範指導でも行動を制御する「上からの指導」が多く，子どもに生活のルールを考えさせ，自治的に守れるようにする下支えの指導は多くありません。

　つまり，学習指導でも，生活指導でも「第１の視座に留まる指導」が日常的に展開し，子ども達の自学・自治の場が少なく，自律性が育ちにくい状況にあると言えます。

　また，最近の校長先生の聞き取り調査で気になるのが，「授業中のしつけ等，きちんとすべきところで指導できない教師が増えている」ことです。「第１の視座も未成熟」ということです。

第1章　日本の教育課題の整理と「効果のある指導」

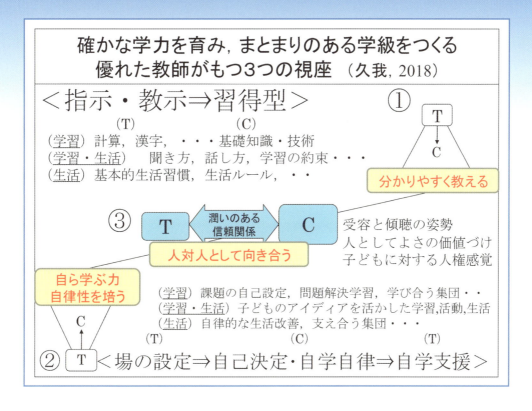

今日的教育課題の整理②
個々の教師の指導の質的課題

＜授業＞
　教科書を教えることに終始
　チョークとトークの一斉画一型，教え込み型
⇔自ら学ぶ力が育たない教育＝教師依存型
＜生徒指導＞
　押さえ込み（行動制御）型
　傍観（踏み込ま（め）ない）型⇔是々非々の指導
⇒潤いのある信頼関係が育ちにくい指導

（吹き出し）第1の視座に留まる指導

13 日本の教師特有のビリーフ（信念）

　河村（2000）は，教師のビリーフ（信念）研究において，日本の教師の「不合理な思い込み」（ビリーフ）を指摘しています。

　それは，「集団主義志向」「統制志向」「管理志向」でいずれも「ねばならない」という教義的な思い込みです。これは，3つの視座で分類すると「第1の視座」に当たります。つまり，この日本の教師の不合理な思い込みが，より第1の視座に傾斜した指導を生み出しているととらえることができます。日本の先生は，「子どもをきちんとさせなければならない」という責任感を強く感じすぎることで，やや上からの統制型の指導に傾斜してしまうのかもしれません。

　今から100年ほど前に木下竹次先生が，著書『学習言論』の中で，学校教育の在り方を「他律的教育」から「自律的学習」へ転換することの必要性とその価値を説いています。100年経った今もそのことが求められているということです。

14 日本の教師の自己効力感；OECD データより

　教師主導型へ傾斜した指導を裏付けるようなデータがOECDデータから読み取れます。

　教師が自分の指導を振り返って，教え込み型（第1の視座）に傾斜しているため，子どもに考えさせたり（第2の視座），できたことを価値づけたり（第3の視座）することが不十分であると認識しています。日本人の謙虚さを差し引いても，諸外国との違いが明確に読み取れます。

　昨今の学力への社会的関心が高まるなか，目に見える点数による評価を求めるために，教え込み教育へ拍車がかかるのではないかと懸念されます。

　我々は，10年後，20年後の評価に耐え得る人格の完成を目指した教育を展開しているはずですが，「教科書を教える」ことに終始した教育になりがちであることを再確認すべきでしょう。

日本の教育課題と
教師特有のビリーフ （河村茂雄 2000）

教師特有のビリーフ・・・不合理な思い込み

3つの特徴

〇集団主義志向

〇統制志向

〇管理志向

・・・第1の視座に傾斜した指導

⇒子どもに従順さを求める教育

＝自ら考え，学ぶ力が育たない教育

教員の自己効力感
【生徒の主体的学習参加の促進について】
OECD　国際教員指導環境調査（TALIS2013）

	生徒に勉強ができると自信を持たせる	生徒が学習の価値を見いだせるよう手助けする	勉強にあまり関心を示さない生徒に動機付けをする	生徒の批判的思考を促す
日本	17.6%	26.0%	21.9%	15.6%
参加国平均	85.8%	80.7%	70.0%	80.3%

15 枝葉での対応（行動レベル）

　第1の視座に留まる教師は,学級で生起する様々な問題に対してすべて教師が軍配をもって指導する傾向にあります。例えば,宿題を忘れた子がいる,掃除をなまける子がいるとすると,すべて教師が「〜〜しなさい」と行動制御型の指導をします。このように生起する様々な問題にモグラたたき的な指導を続けても,学級のゴールである3月になっても,同じように指導しないとルールを守れないクラスになっていきます。逆に,先生の前ではルールを守るが先生がいないとルールを守れないクラスになったり（表裏行動）,先生に反発して,より落ち着かない学級になったりします（負の連鎖）。第1の視座に留まる指導は,枝葉の戦いを繰り返し,子どもの教師への信頼も高まりにくく,1対35の不利な戦いを繰り返すことになります。

16 根幹での対応（価値レベル）

　一方,第2の視座,第3の視座をも兼ね備えた教師は,生起する問題を一つ一つ丁寧に取り上げて,問題の原因やなぜそうするのかという価値に戻って考えさせます。例えば,掃除をなまける状況が生まれたときには「なぜ,掃除をするのか」を子ども達と考える。けんかが起こったときには,互いの言い分を聞き合い,その原因を確認し合う,といった具合です。

　あるクラスでやんちゃな男の子（A君）がまじめな女の子をたたく事件がありました。クラスのみんながA君を責めましたが,A君には,それなりの理由があるのではないかと言い分を聞くこととしました。するとA君の誤解だったのですが,「弟の悪口を言われたから」ということでした。たたいたことは悪いことでしたが,皆がA君の弟思いの優しさを知る機会となりました。それ以降,問題が起こったときも,子ども達が「理由を聞かなきゃ」と原因や価値に戻って考えるようになりました。

　子どもが考えるクラスになると教師は価値づけ役になります。教師との信頼も高まり,教師のエネルギーは省力化されます。

第1章　日本の教育課題の整理と「効果のある指導」

枝葉での対応（行動レベル）
第1の視座に留まる教師の指導の特徴

＜学級で発生する様々な問題・出来事へＴが個別に対応＞
＝行動制御型指導

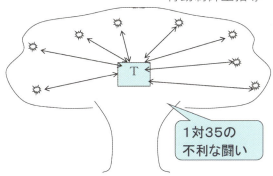

1対35の不利な闘い

＜Ｔが一人で３５人の個別の問題・出来事に対応することは困難＞

根幹での対応（価値レベル）
第2，第3の視座をもつ教師の指導の特徴

＜一つ一つの問題の丁寧な取り上げ＞
＜判断する価値や考え方を問い返しながら育成＞
↓
価値に戻って考えようとする子
↓
はじめは丁寧な対応が必要
（フロントローディング）

Cの自主・自律
⇒Cのエネルギーを活かした
学級経営
T省力化；価値付け指導へ

子どもが自分たちで解決していく

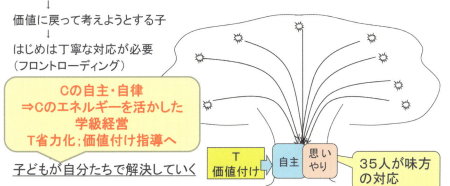

T価値付け　自主　思いやり　35人が味方の対応

価値観を育てる教育＝考える子を育てる

17

17 「３つの視座」に基づく教育の在り方

　子どもとの信頼を築き，潤いのある自律的な学級づくりをすすめるスペシャルな教師が各校にいます。その教師の特徴は，①教えるべきことをしっかり教えて，②考えさせるべきことをじっくりと考えさせ，さらに子ども自身の手で実行させ，そして，③できたことをたっぷり価値づけていく，３つの視座をもっているということです。

　この３つの視座は，教師としてのセンスというとらえ方もできますが，私は，誰でもトレーニング可能な視座だととらえています。教師がすべて教え込むのではなく，子どもに考えさせる場面を意図的に設定することは誰にでもできます（第２の視座）。また，子どもの頑張りや優しさをポジティブ・フォーカスでとらえ，価値づけることも，意図すれば誰にでもできます（第３の視座）。このトレーニングが教師としての力量形成に大きく役立ちます。

18 自校の教育の質的特徴を概観してみる

　ここでちょっと立ち止まって，自校の教師の指導の特徴を概観してみましょう。もちろん一人ひとりの教師の特徴が異なりますが，学校としての傾向をとらえてみましょう。

　第１の視座に傾斜した「統制型」の指導の特徴をもっているのか？また，第１の視座も不明確な曖昧型の指導が一般化しているのか？それとも，３つの視座がバランス良く持ち合わされていて，子どもとの潤いのある信頼関係が築かれているのか？各校の指導風土というものがあります。

　学校全体で，子どものよさを見つけて価値づける取り組みがなされている学校や，授業の中で子ども達に考えさせる場面やグループ学習の場面を意図的に設定している学校もあるでしょう。

　また，学校によっては教師の特長を生かした役割分担がなされ，父親的な役割を担う教師と，母親的な役割を担う教師が協力して組織としてのバランスが測られている学校もあるでしょう。

第1章　日本の教育課題の整理と「効果のある指導」

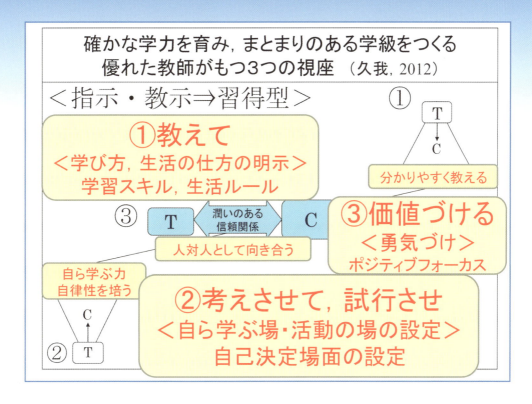

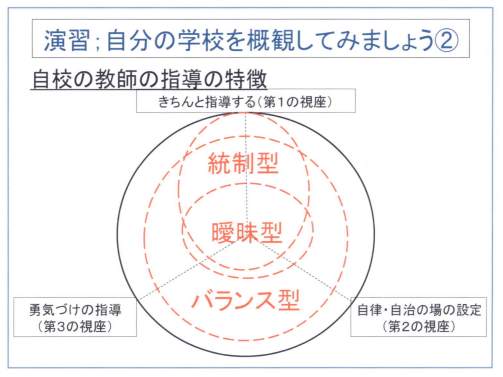

19 学校の組織上の課題

　次に組織上の課題について見ていきましょう。

　第3の教育改革という時代の潮流のなかで，学校評価制度，教職員評価制度，教員免許状更新制度等が導入され，業務量の増加と高度化が進んでいます。教師の多忙化が進行し，時間的な余裕のなさが問題視されています。その結果，教師の意識と行動が「個業化」の方向へ傾斜してきています。たくさんの業務を分担し，個々の教師はそれを自己完結的に遂行しようとする構図が浮かび上がってきます。組織感覚を失うことは，組織としての指導の一貫性，継続性，蓄積性の欠如を招きます。

　さらに生起する問題を抱え込んでしまう教師が増え，他の教師や管理職との関わりが脆弱化してきている状況が読み取れます（組織感覚の脆弱化）。このことは，問題の進行や，教師の孤立化を促すこととなります。このことは，教師の心の病や不祥事の増加等，教師の危機につながっていることが読み取れます。

20 学校の組織特性と今日的課題

　もともと教師という仕事は，他の業種と比較して自律性の高い職業と言えます。例えば授業の仕方や学級経営等，教師の判断に任されて展開する部分が多くあります。しかし，上述の子どもが抱える教育課題に対して，組織的に対応することがより求められてきています。にもかかわらず，学校組織は多忙化や個人主義の進行と共に個別分散型の組織へ傾斜し，教職員の協働意識も低下してきています。学校を組織体としてとらえ，自身を組織の一員として認識する組織感覚が脆弱化してきていることがとらえられます（中央教育審議会2006答申等）。

　今一度，学校の組織化を促す仕組みを導入し，個々の教師をつなぐことが必要な状況になってきていると言えます。学校の組織化が，子どもの変容を生み出すためにも，教師の危機を救うことにおいても，重要なファクターとなっているのです。

第1章　日本の教育課題の整理と「効果のある指導」

今日的教育課題の整理③
学校の組織上の課題

＜個業化＞ 個別分散型組織

　個々の教師が自己完結的に業務を遂行

　組織目標・組織的取組の共有化が脆弱

⇔指導の一貫性，継続性，蓄積性の欠如

＜孤立化＞ 教師の危機

　問題の抱え込み，関わりの脆弱さ

⇔クレーム対応等，問題の複雑化の進行

⇒教師の孤立化・・・心の病，不祥事へ

学校の組織特性と今日的課題

＜学校組織における今日的課題＞

「今後の教員養成・免許制度の在り方（答申）」
（中央教育審議会　2006）

「教員の間に学校は一つの組織体であるという認識が希薄になっている〜中略〜学びの共同体としての学校の機能（同僚性）が十分に発揮されていない」状況

個別分散型組織，教職員の協働意識の低下

⇒学校の組織力が脆弱化（久我　2011）

　学校の組織化を促す組織開発研究の必要性

21　自校の学校組織の特徴を概観してみる

　自校の組織の状況を次の2つの問いで概観してみましょう。

①組織として目標を共有し，組織的な取り組みが日常的に行われているでしょうか？

②教職員間のコミュニケーションが豊かで，潤いのある関係性が醸成されているでしょうか？

　この2つの座標軸を元に，組織の姿は次の4つの特徴に類型化されます。

　　a）目標はトップダウンで共有されているが，教職員間にバラバラ感がある（統制型）

　　b）教職員間は一見，和やかに見えるが，組織目標に対する意識が薄く，職員室は子どものグチを言い合う場となっている（ぬるま湯型）

　　c）子どもの指導に対するあきらめ感があり，残念ながら教職員間の関係性もギスギスしている（崩壊型）

　　d）個々の教職員が組織目標を共有し，組織的な取り組みを協働的に展開している。そのとき，自校の子どもの課題解決に向けて創発的なアイディアが出し合われ，子どもの変容を媒介とした潤いのあるコミュニケーションがなされている（組織活性型）

　求められる理想の姿は，目標を共有し，互いの個性を生かし合った組織活性型の組織です。

　学校の自主性・自律性の確立（平成10年9月21日中教審答申）が叫ばれてしばらく経ちます。学校は自律性を高めるどころか，学校外部からの要求・要望に振り回されている状況にあるようにとらえられます。多忙化する教職員の意識と行動は他律的になっている現状があります。その状況において，「組織活性型の組織」とは逆の方向へ組織が進んでいるようにとらえられます。

　a～cの組織も，dの組織活性型の組織へと転換していく可能性があります。組織活性型の組織への転換の手順や方法については，後半の組織マネジメントの展開事例で詳しく説明します。

第1章 日本の教育課題の整理と「効果のある指導」

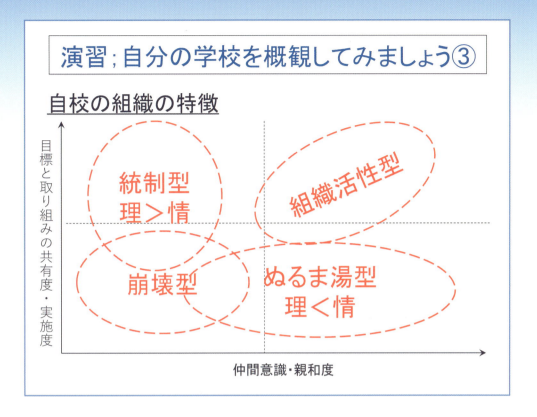

教師の専門性と求められる組織化

　学校組織は，企業組織とは異なり個々の教師の裁量性が大きいため，組織化しにくい組織です。それは教育という営みが目の前の子どもの実態に応じて，教師のその場，その場での判断によって展開される側面が大きく，定型化しにくいことに由来しています。

　教師の専門性とは，①個々の子どもの状況を読み取る力（気づく力），②その子の行動（問題等）の背景や理由，根源的な原因を読み解く力（分析する力），そして，③その子にとって最も改善性が高い手立てを打つ力（解決する力），と言えます（気づき⇒分析⇒打開策の生成：これが「教師の省察力（せいさつりょく）」です）。

　つまり，個々の教師の省察力によって教育の質が大きく変わるとも言えます。しかし，子ども，保護者，社会が変容し，大きな世代交代の時代，個々の教師の省察力に依存した学校経営は限界が来ています。組織的な協働を通して互いの省察力を学び合う組織づくりが求められます。

23

22 学校教育の今日的課題の整理；3つの課題＋1

　これまで多くの校長先生に聞き取り調査を行い，学校経営の実態と課題について整理してきました。その結果，次の3つ（＋1）の課題が浮かび上がってきました。

　①子どもの学びと生活

　1つ目は，学力低下やいじめや学級崩壊，不登校等，自校の子どもが抱える教育課題です。校長先生の頭痛の種となっています。

　②教師の指導の質

　2つ目は，教師の指導の質的な課題です。「教え込み型の授業」（チョークとトークの授業）から脱却できない教師が多い，ということです。これは，生徒指導においても同様で，教師の強権的で統制的な指導によって「従わせる指導」が横行しています。逆に，問題行動に対して踏み込めない教師が増えているのも課題です。そのことが学級崩壊，授業崩壊につながっている現状があります。

　③教職員組織の個業化（多忙感・バラバラ感）

　学校で生起する諸問題に対して，組織的に対応することが求められていますが，教職員の意識は自己完結的に業務を遂行しようとする個業化の方向へ傾斜しています。そのことが孤立化する教師を生み出し，心の病の原因となっている場合がよく見られます。

［＋1］　保護者からのクレーム

　上記3つの課題に加えて，もう一つの課題は，保護者からのクレームの増加です。保護者の「我が子志向」が進行し，我が子の利害にかかわることについては，直接的に学校へ訴えられるようになってきているということです。

23 3連立方程式の解を求める

　これら3つの課題を羅列的にとらえるのではなく，3連立方程式として，その「解」を求める発想が必要となります。

　その3連立方程式の解を求める手順について，次に述べます。

第1章　日本の教育課題の整理と「効果のある指導」

学校教育の3つの課題＋1

1. 子どもの学びと生活
   学力低下（2こぶらくだ化）；学びの意欲格差
   規範意識の低下；いじめ，学級崩壊・・・
2. 教師の指導の質
   進まない授業改善（⇒教え込み型授業）
   統制型⇔踏み込めない教師（⇒学級崩壊）
3. 教職員組織の個業化（多忙感・バラバラ感）
   自己完結的な業務の遂行（⇒孤立化・心の病）
＋1；保護者からのクレーム（⇒我が子志向の進行）

学校に内在する3つの課題解決のために

①子どもが抱える教育課題（C）
　　学力・規範意識の低下
②個々の教師の指導の質的課題（T→C）
　　統制型・放任型指導
③学校組織上の課題（T–T）
　　組織感覚の弱さ・孤立化
3つの課題（3連立方程式）の解を求める・・・

24 3連立方程式の解のイメージ

　3連立方程式の解を求めるためには，3つの課題の構造的な関係を読み解き，そのつながりをとらえる必要があります。その構造的な関係性をとらえ，3つの課題を同時に解決する手順は，以下のようになります。

　そもそも学校教育の使命は「自校の子どもの成長」を促すことです。自校の子どもが健やかに育っているか，その実態を可視化し，自校の子どもが抱える教育課題を焦点化し，共有します。

　自校の子どもが抱える重点課題に適合した「効果のある指導（取り組み）」を組織的に設定し，協働的に実践します。

　そのことによって，子どもの変容と教職員の組織化を同時に実現していきます。さらに，「効果のある指導（取り組み）」の組織的実践を通して，個々の教師の「第1の視座」に傾斜した指導を，「第2，第3の視座」に基づく指導へと質的に転換を促します。

25 日本の学校教育の問題対応上の課題

　今日の学校教育の問題とその対応を俯瞰すると，やや危険な状況がとらえられます。それは，学力低下やいじめ，不登校等，生起する問題にそれぞれ対症療法的に対応しようとする傾向が強くなっていることです。これは，問題に対して寄せられる社会からの危惧や問題に即効的に対処しようとする教育行政の施策も相まって，学校の教職員を追い詰めるような状況が生まれています。

　このことの問題は，対症療法的（モグラたたき型・「第1の視座」に留まる対応）な対応や指導では，根源的な原因は未解決のままであり，生起する問題への「あれもこれも」の対応を強いることとなります。結果，学校現場の多忙化に拍車をかけ，負の連鎖を生み出す恐れさえあるということです。実際，多忙による教職員の心の病の増加等，負の連鎖の進行が見られます。

3連立方程式の解のイメージ

①子どもが抱える教育課題の構造を探る
　＝子どもの意識と行動の構造を可視化する
　⇒自校の子どもの教育課題を焦点化する

②自校の子どもの教育課題に適合した
　　「効果のある指導」を設定する

③「効果のある指導」を組織的に展開する

⇒子どもの変容＋教師の指導の質的変容
　＋学校の組織化＋α（保護者の信頼）

日本の学校教育の問題対応上課題

学力低下，いじめ，不登校，学級崩壊等
生起する教育問題への個別的対応
＜このことの問題＞
①問題への対症療法的対応
　　　根源的な原因は未解決
②学校現場の多忙への拍車
教師の多忙感，疲弊感⇒心の病
　　　学校教育全体の負の連鎖へ
　問題の複雑化，高度化，深刻化の進行

26 子どもが頑張り，優しくなる条件を探る

　学力低下には「学力向上プラン」を，いじめに対しては「いじめ防止システム」を…，と生起する問題に対して，教育行政は各学校へその対応策をペーパーにまとめ，実践することを求めています。このことは，教職員に「枝葉の戦い」を強いることになり，結果として成果が生み出されにくい「消耗戦」に陥る恐れがあります。本来，「経営」とは，「小さなエネルギーで大きな効果を生むこと」であるはずなのに，このような対応を求めることは，逆効果を生むばかりか，負の連鎖を自ら生み出すことになりかねません。

　学校訪問をして，子ども達を観ると，学びをあきらめている子どもとルールを守れていない子どもは，その子の内面でつながっていることを強く感じます。やんちゃな子どもにも秘めた能力があり，優しさがあります。その子の「頑張り」や「優しさ」を発揮させる条件（つまり，『子どもの「意識」と「行動」の構造』）を可視化することができれば，その根幹へのアプローチが可能となり，小さなエネルギーで大きな効果を生む「効果のある指導」を設定する可能性が高まります。

27 子どもの「頑張り（I を伸ばし）」と「優しさ（We の世界を広げる）」を発揮させる「自分への信頼」

　子どもは，どんなときに頑張り，優しくなれるのか。その条件を可視化するために，X 県 Y 市 Z 区の公立中学校 15 校の生徒（1 ～ 3 年生）約 5200 名，公立小学校 30 校の児童（4 ～ 6 年生）約 6000 名を対象に質問紙調査を行いました（2010 年 9 月 Y 市教育委員会，Z 区校長会の協力を得ました）。子どもの学びや学校生活における意識と行動を表す主要な要素として，①「自分に対する信頼」，②（身近な他者からの）「被受容感」，③「他者への信頼」（「保護者信頼」，「教師信頼」，「友達信頼」），④「学習意欲・理解」，⑤「生活規範」の 5 つを抽出し，相互の因果関係について，共分散構造分析ソフト IBM SPSS Amos Ver.19 を用いて分析しました。

第1章　日本の教育課題の整理と「効果のある指導」

学校教育で生起する問題の根源的な原因と
「頑張り」と「優しさ」を発揮させる原動力を探る

＜1＞目に見える部分；行動レベル　　　枝葉の戦い
・いじめ，不登校，学級崩壊等の生起する問題　　あれもこれも消耗戦
・学力低下（2こぶラクダ化）
＜2＞目に見えない部分；内面・価値レベル
・子どもの意識・内面　　経営的　　根幹への
　　　　　　　　　　　小En⇒大Ef　働きかけ
＜1＞⇔＜2＞を結ぶ
子どもの意識と行動の構造を探る
子どもが頑張り，優しくなる条件を可視化する

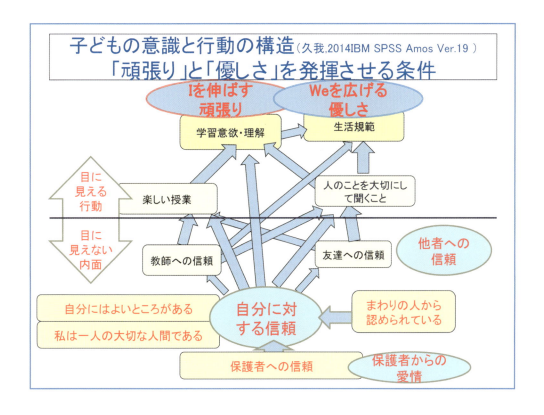

子どもの意識と行動の構造 （久我,2014 IBM SPSS Amos Ver.19）
「頑張り」と「優しさ」を発揮させる条件

28 「子どもの意識と行動の構造図」から読み取れるポイント

　この分析結果から得られた最も大きな発見は，子どもの「頑張り」と「優しさ」の基底要因が「自分への信頼」であったことです。「私は一人の大切な人間である」，「自分にはよいところがある」という自己認識が，頑張りを生み，優しさを発揮させる原動力となるということです。

　ただし，この「自分への信頼」が，その子の生育歴に大きな影響を受けていることが分析から可視化されました。自分への信頼が保護者への信頼によって支えられていたからです。

　家庭においてネグレクトされたり，虐待を受けたりしている子どもは，「自分への信頼」を感じにくく，頑張りや優しさを発揮するエネルギーが枯渇しがちとなることが読み取れます。

　そのような子どもを救うパスはないのかを探ると一つだけありました。それが「私はまわりの人から認められている」と感じることです。先生や友達から認められているという実感が「自分への信頼」を高める効果があるということです。

　この「自分への信頼」が高まると合わせて5つの要素を一気に高めることが期待されます。学習意欲・理解まで高める可能性を秘めた重要な要素（条件）と言えます。

　次に大きな発見は，「生活規範」です。「生活規範」は「自分への信頼」からの直接的なパス（矢印）はなく，自分への信頼が高まっても自主的には規範はできないということです。つまり，生活規範は，身近な他者から「しつけ」られなければ定着しないということです。やっていいこと悪いことをきちんと指導することによって「規範」ができることを示しています。学校生活においては教師から，家庭においては保護者から是々非々の指導が必要であるということです。さらに生活規範を支える要素として，「学習意欲・理解」と「教師への信頼」があり，「授業が分かる」ということと「先生を信頼している」ということが子どもの規範意識と強く結びつき，支えていることがとらえられます。

第1章 日本の教育課題の整理と「効果のある指導」

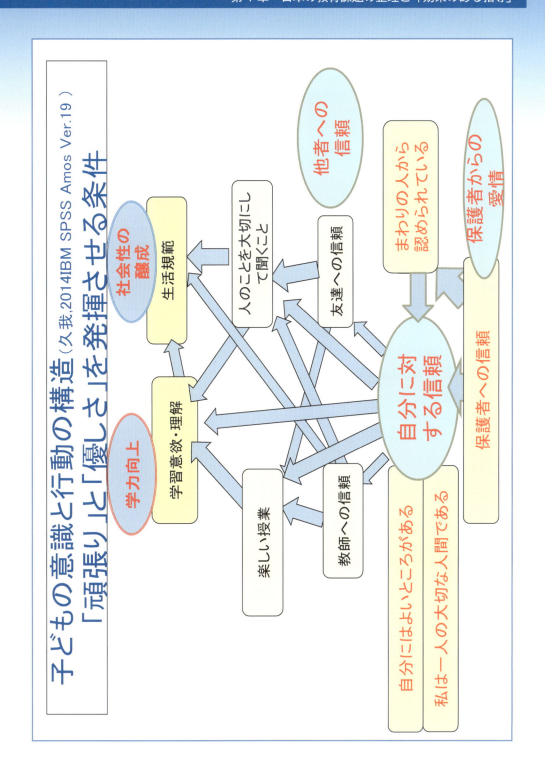

29 自分への信頼が低い実態；日本青少年研究所 データより

　「自分への信頼」が自分のなかに内在する能力を磨く「頑張り」を生み，「優しさ」を発揮させる原動力であるという分析結果を示しました。しかし，日本の子ども達の「自分への信頼」の実態はどうでしょうか？グラフは，16歳の高校生のデータですが，自分を価値ある人間だと思えていない状況が明確に読み取れます。

　自分への信頼が「頑張り」と「優しさ」の原動力とすると日本の子ども達は，将来，米国や中国等とグローバル社会を生きていくときに太刀打ちできない状況にあることが容易に推察されます。日本人の謙虚さを差し引いてもあまりにも低すぎるデータと受け止めなければなりません。

　やや厳しい言い方をすると，この結果の大きな原因に小学校，中学校の教育の在り方があるととらえています。小中の義務教育のなかで年間およそ1000時間ずつの授業が実施されています。合わせて約9000時間のなかで，教科書の内容は一生懸命指導されているのですが，一人ひとりに，「あなたのいいところは○○だね」というその子がもっているよさや個性というものを十分に価値づけて来なかったということです。少なくとも子どもの自己価値意識の自覚に十分機能していなかったということです。

30 自分自身への不信傾向；日本青少年研究所データ より

　右の表の「私はできることがいっぱいある」等の結果から，自分や自分の将来に対して不信傾向にあることが読み取れます。

　ものごとに取り組む前にネガティブな感情に支配され，努力や頑張りが十分に発揮されない恐れがあることが読み取れます。このような状況で，グローバル社会を生き抜けるのでしょうか。

　頑張りと優しさの原動力である「自分への信頼」をターゲットとした教育を展開することは，教育の再生のみならず，日本の再生の原動力となる可能性を秘めていると考えます。「負の連鎖」から「正の循環」への転換を促す「鉄槌の打ち所」だと考えます。

第1章 日本の教育課題の整理と「効果のある指導」

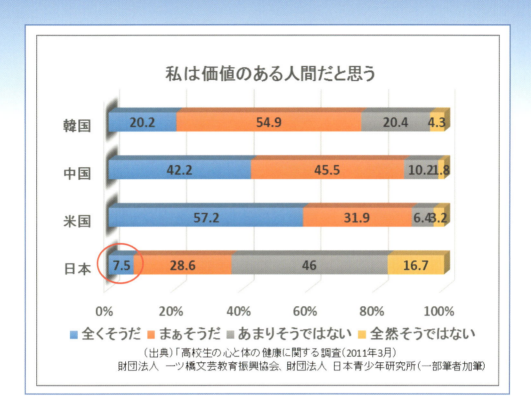

あなたは自分自身をどう思いますか(「全くそうだ」+「まぁそうだ」)				
	日本	米国	中国	韓国
私は努力すれば大体のことができる	**44.4**	89.2	88.8	83.7
私はできることがいっぱいある	**36.8**	90.0	81.3	69.9
どんなに失敗しても落ち込まない	**22.3**	51.6	63.2	44.4
(出典)「高校生の心と体の健康に関する調査(2011年3月)				
財団法人 一ツ橋文芸教育振興協会、財団法人 日本青少年研究所				
				(一部筆者加筆)

33

31 負の子どもの意識と行動の構造

　特に自分に対する信頼の低い子どもは，どのような環境要因があるのでしょうか？

　この自分への信頼を支える最も大きな要因は「保護者への信頼意識」でした。つまり，生育歴の中で保護者から愛情豊かに育った子どもは，「自分への信頼」をもちやすく，逆にそうでない家庭で育った子どもは，「自分への信頼をもちにくい」ということです。問題行動を繰り返す子どもの家庭が何らかの問題を抱えていることが多いという認識を経験的にお持ちの先生も多いでしょう。「自分への信頼」と育った家庭環境に強い相関関係が認められました。

　では，「自分への信頼をもてない子どもは，学びへの頑張りも，生活での規範意識も育ちにくいのか？」というと，その通りで，この自分への信頼がもちにくい子どもは，学びへの頑張りや踏ん張りが利かなかったり，生活で優しさが発揮されなかったりするということです。

　では，「この子達を救うことができないのか」というと一つだけ救いのパスが見つかりました。それが，「まわりの人から認められている」という被受容感でした。教師，友達からの承認・賞賛の言葉が，自分への信頼を回復させる可能性があるということです。

32 「自分への不信」を起因とする学力低下やいじめ・不登校

　いじめや不登校，学力低下等の問題は，実は子どもの「内面（自分への不信）」に起因していることが読み取れます。自分を大切に思えない不安を感じると，その不安を不満に変え，イライラを他者に向ける問題行動タイプと，不安から孤立化する内向的な教育相談タイプに分かれます。いじめ対策，不登校対策，学力低下対策も「自分への信頼の回復」なしに，根本的な解決は為し得ないととらえられます。その子の良さを受け止め，価値づける「受容や共感」「承認や賞賛」がその子の内面を整え，本来もてる能力や優しさを引き出し，回復を促すことにつながるととらえます。

第1章　日本の教育課題の整理と「効果のある指導」

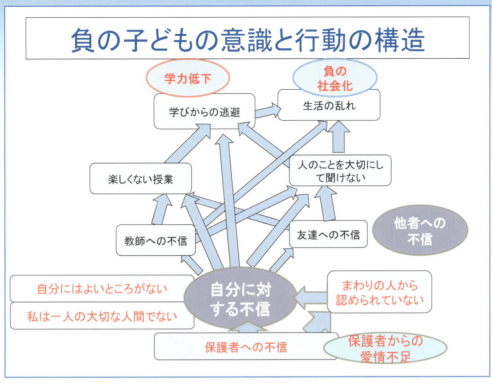

35

33 学級・学校経営の浮沈を握る特別な配慮を必要とする子

　学級全体を大きくとらえると，一言で動ける層の子どもと，きちんと説明すれば対応できるボリュームゾーンの子ども，そして，寄り添わないと動きにくい子，集団になじみにくい子が存在します。教師の指示を全ての子どもが素直に聞いてくれる状態が継続すれば，安定した学級経営が遂行されます。

　しかし，実際には教師の指示が通りにくかったり，集団行動が苦手だったりする子どもも各学級に存在します。この子達が不安定になると，ボリュームゾーンの子どもや一言で動ける子どもも同調することがあります（飛び火現象）。逆に言えば，この特別な配慮が必要な子達が学級のなかで安定して学び，生活できるようになると学級全体が落ち着いた状態を維持しやすくなるということです。この子達の安定が学級経営の安定の重要なファクターで，学級経営の浮沈を握る子どもと言えます。

34 安心・安全な「心の基地」を得にくい子どもの内面理解

　特別な配慮が必要な子ども達の行動が不安定になりやすい原因は多様ですが，大きく２つの要素を指摘できます。その一つは本人の生得的な特性です。多動性等の特徴をもっている子どもも少なくありません。もう一つは，保護者の養育の在り方です。虐待やネグレクト等の極端な場合の他，今日的な社会問題として貧困の問題もあります。十分な愛情をかけられずに育っている子ども達も存在します。両者に共通することは，子どもの承認欲求が十分に満たされていない，ということです。子どもは誰しも家庭では保護者に認められたいと思っています。日々の生活のなかで大切な存在として手をかけ，声をかけられることが子どもにとっては心の安心・安全基地を得ることになると言えます。

　このように十分に心が満たされることが少ない子ども達は心の不安定さを抱えます。心の不安定さは行動の不安定さとなり，学校においても叱責過多の状況が生まれやすいと言えます。

第1章　日本の教育課題の整理と「効果のある指導」

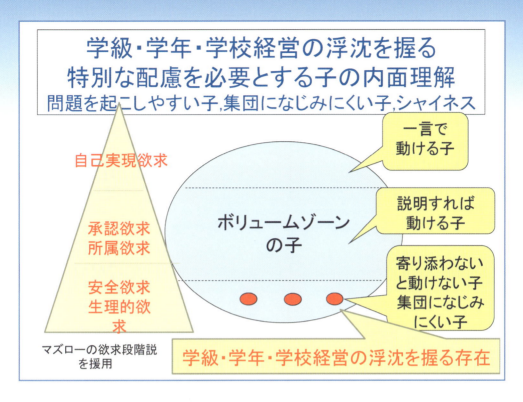

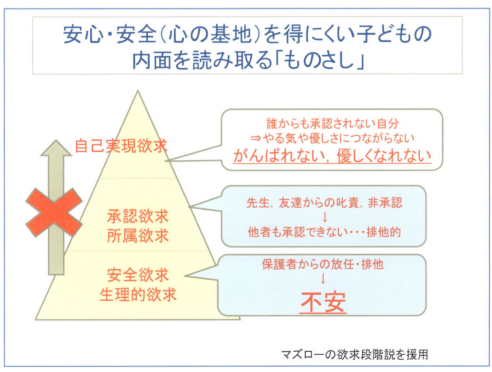

35 信頼関係の構築とその効果

　このようなハンディキャップを抱えた子どもの他，ボリュームゾーンの子ども達の中にも「自分への信頼」が弱い子ども達がいます。「自分への信頼」が脆弱で，その不安を不満に変えてイライラした気持ちを他者に向けていじめをする子等，いわゆる普通の子にも「自分への不信」を抱える子どもがいます。

　実は，「自分への信頼」が低い子どもは（大人もそうですが），自分を守るために他者を非難したり，他者に対して攻撃的になったりします。つまり「自分への信頼」と「他者への信頼」は映し鏡のようです。Amos の図の通り，「自分への信頼」を高めることが「他者への信頼」を高め，その子の頑張りと優しさを発揮するエネルギー源となるのです。

　では，どのようにして「自分への信頼」を高め，「他者への信頼」を高めることができるのでしょうか？

36 自分への信頼を高める「勇気づけ」教育

　最も単純で効果的な取り組みは，その子のよさや頑張り，優しさをとらえた「勇気づけ」教育です。「私は一人の大切な人間である」と思えない子，「自分にはよいところがある」と思いにくい子ども達に，意図的に声を掛け，勇気づけていくことが自分への信頼を回復させる力となります。地道な取り組みのようですが，自分への信頼の回復は，身近な他者への信頼の回復を促し，学びへの努力，生活での優しさを発揮させる教育改善の大きな力となります。

　これまでの日本の教師の指導意識は，欠点を指摘して改善を促そうとする思考が主流であったととらえます（ネガティビティ・バイアスにとらわれた指導へ傾斜）。そのことが，OECD・TALIS データ（P15）にも表れています。その子のよさにスポットライトを当てるポジティブ・フォーカスの教育へと転換することが，子どもの能力開発や優しさの発揮を促し，教育を改善する力となるのです。

第１章　日本の教育課題の整理と「効果のある指導」

信頼関係の構築と教育効果

自分への信頼を高める「勇気づけ教育」

ボイスシャワーによる
自分への信頼と教師への信頼構築効果

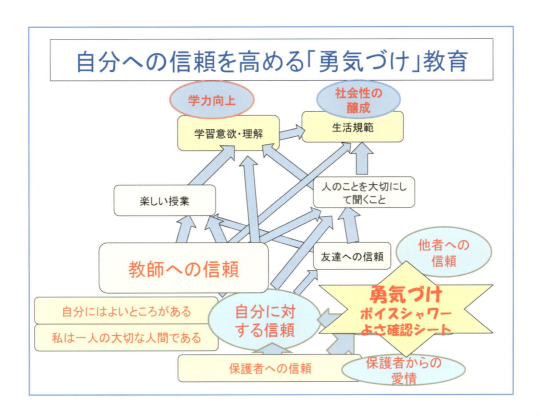

37 心をつなぐボイスシャワーの実践イメージ

　勇気づけ教育は，具体的にどのように展開すると効果的なのでしょうか？具体的取り組みのイメージは，右図の通りです，特に学級経営の浮沈を握る内面と行動が不安定な子どもを中心にその子の頑張りや優しさを見つけ，言葉にして価値づけていくことです。全ての子どもを対象に声を掛けますが，合理的配慮の考え方のもと全教職員で日常的な声掛けをしていきます。特に，その子のよさや頑張りを見つけられなければ，「名前を付けたあいさつ」でもいいと考えています。つまり，結果としてその子自身の被受容感が高まり，自分への不信を信頼に変えて，自分のなかに勇気が湧いてくればいいのです。

　ボイスシャワーの成功の鍵は，教職員の「全校の子どもを全教職員で見守り育てる」という組織意識の向上と行動の日常化です。

38 ボイスシャワーの実践とその効果

　ボイスシャワーの仕組みを導入した学校の事例を紹介します。その学校は，児童約150人の小規模校でしたが，なかなか指導困難な状況が常態化していました。2月の全教職員によるワークショップでは，「指導困難な子どもが多く，規範が乱れやすい」というこの学校の特徴が出し合われました。この課題に対してどのような対応があるかを考えたときに生み出されたのが，「全教職員で全校児童を見守り育てる」という「学校TT（ティームティーチング）」の考え方でした。特にしんどい子どもを中心に全校児童に全教職員が声を掛けていくこと，名前を付けたあいさつを組織的に展開すること，が確認されました。4月は，全校児童，全教職員が名札を付け，名前を覚え合いながらあいさつを続けました。また，やんちゃな子どもには頑張りや優しさを見つけて承認・賞賛の言葉掛けを日常的に展開しました。その結果が，右図のようにQ-Uデータにも表れ，13人の視点児童のうち10人の変容が確認されました。学校全体の安定が確認されました。

第1章 日本の教育課題の整理と「効果のある指導」

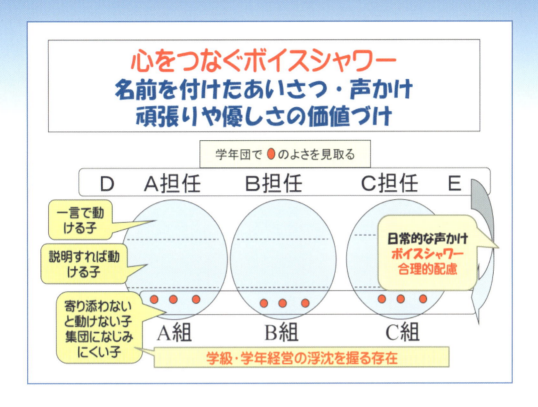

39 子どもの安心・安全な「心の基地」を組織でつくる

　子どもへの組織的な声かけは，子どもにとって先生方に認められ，見守られているという安心感をもたらします。また，それと同時に声を掛ける教師に対する信頼感も高めることになります。つまり，ボイスシャワーは，子どもの「自分への信頼」と「教師への信頼」を同時に高める効果のある指導と言えます。

　このような内面の安定を促す取り組みと共に，配慮を必要とする子ども達には意図的に役割を与え，仕事を頼むことによって利他行為の実践を促し，さらにその頑張りと優しさを勇気づけ，価値づけることが，有効な指導となります。そのような役割や仕事を通して，教師や友達から承認・賞賛されることが，さらに自分への信頼と他者への信頼を築くことになります。

　このような経験を積み重ねる中でマズローの階段を昇り，内在するやる気と優しさの発揮を自然と促していくのです。

40 「I」を伸ばし，「We」を広げる源泉＝自分への信頼

　ボイスシャワーは，「私は一人の大切な人間である」という「自分への信頼」を高める効果があります。このことは，Amos 図の通り，子どもの頑張りと優しさを発揮するエネルギーの源泉となります。また，見方を変えると，人権教育，道徳教育，特別支援教育ともつながってきます。自分を大切な存在と思えない人（自分自身の人権意識が低い人）に，他者に対する人権意識が持てるはずがないのです。また，自分への信頼を失い「どうせ俺なんか」と思っている子どもに道徳的な判断力は生まれてきません。自分を排他的に感じている人に誰も排他されないインクルーシブの考え方は通用しないということです。

　また，自分への不信から不満を生み出し，自身の内面的なイライラを他者に向ける「いじめ」に対して，大きな効果が期待されます。さらに，自分への不信，他者への不信に起因する不登校の子どもにとってもその効果が期待されます。

第1章 日本の教育課題の整理と「効果のある指導」

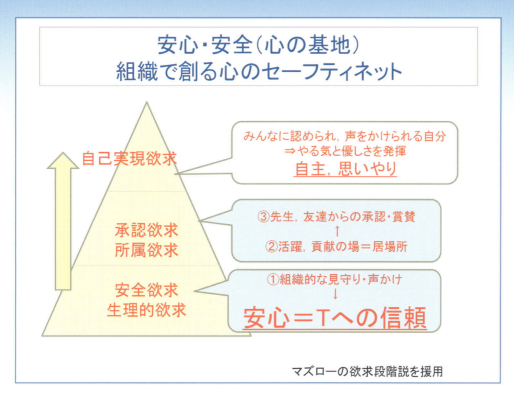

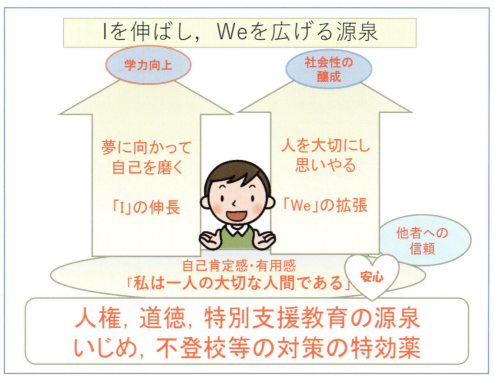

41 教師と子どもの信頼関係のもとで内実する学びと社会性

　Amos図では，「教師への信頼」と「友達への信頼」が，「自分への信頼」の次に重要な基底要因であることが示されています。そもそも教師と子どもの信頼とその教育効果について俯瞰してみると次のようなことが指摘できます。

　教師や友達と不信な関係にある子どもに，どんなに大切なことを伝えようとしても，見えない心のバリアに遮られて，教師や友達から発せられた言葉の価値はディスカウントされてしまいます。

　一方，教師や友達との信頼関係が構築されている状態であれば，フルバリューでその子の内面に届いていきます。

　遠回りのようですが，目に見えないこの信頼関係の構築は，教育の内実を生み出す大きな資源と言えます。

42 教師と子どもの信頼関係がもつ教育効果

　Z区の児童・生徒への調査結果について，「信頼項目」を軸に分析すると，次のようなことが明らかになりました。
　①やればできる，という「自己効力感」
　②学校が楽しい，という「向学校意識」
　③生活ルールを守っている，という「規範意識」
　④友達への信頼等，「友達との関係性」

　そして，⑦クラスの自治や楽しさ等を示す「クラス効力感」等と「0.4」を超える強い相関が示されたのが，子どもの「教師への信頼」でした。子どもの教師への信頼が高まると，学びへのやる気や生活での規範意識等に大きな影響があることがとらえられました（小・中ともに同一の傾向がとらえられました）。

　つまり，子どもと教師の信頼関係を構築することが，そのまま学びや生活の安定につながる教育資源となるということです。この重要な教育資源を意図的に活用したボイスシャワー等は，遠回りのようですが，効果的に教育改善を促す可能性を高めます。

第1章　日本の教育課題の整理と「効果のある指導」

信頼関係のもとで内実する学びと社会性

◆ 潤いのあるT-C関係，C-C関係のなかで効果的に内実する学びと社会性

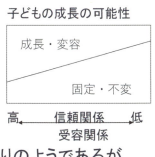

遠回りのようであるが，
信頼関係構築が『学力向上』と「生活の安定」への近道

T-Cの信頼関係がもつ教育効果
小学校　子どもアンケート＜項目間相関＞

規範づくりは信頼関係づくりから

相関係数

		①自己効力感（自分）	②向学校意識（自分）	③規範意識（自分）	④友達との関係性（自分）	⑤規範意識（学級）	⑥関係性（学級）	⑦効力感（学級）
子ども→教師＜信頼＞	Pearsonの相関係数	.489**	.524**	.413**	.494**	.409**	.494**	.552**
	有意確率（両側）	.000	.000	.000	.000	.000	.000	.000
	N	6064	6093	6150	6171	6109	6128	6069

「対人行動は状況に依存する」
＝大切にされれば，大切にする

45

43 ポジティブ・フォーカスとネガティビティ・バイアス

　子どもの教師への信頼を高めようとするとき，同時に教師の子どもへの信頼を高める必要があります。「信頼」という概念は，基本的に人と人の間にある概念です。こちらが「不信」と思っていて，相手に「信頼」を求めることはできないものです。つまり，互いの信頼意識はミラー（映し鏡）の関係にあると言えます。

　では，どのようにすると教師の子どもへの信頼の意識が高まるのでしょうか。それは，子どもを見るときに「ポジティブ・フォーカス」することにヒントがあります。実は，人間（教師のみならず）は，ポジティブな情報よりもネガティブな情報により強く反応する癖をもっています。よって，新年度クラス担任をするときに，前任者から引き継ぐ情報もどちらかというとネガティブな情報が頭に残りやすいと言えます。そして，実際の教育活動の中で，ネガティブな行動に過敏に反応し「やっぱりこの子は‥」と良い情報よりも負の情報を差別的に収集してしまい，結果として「馬の合わない子」をつくってしまうことがあります。

　誰にでも「できること」と「できないこと」があります。やんちゃな子や特別な支援が必要な子も，その子のできないところではなく，できることへポジティブ・フォーカスして価値づけ，勇気づけながら指導することが，子どもの成長を促し，結果として教師の子どもへの信頼を高めることにつながるのです。

44 求められる教師の「まなざし」の転換

　上述の通り，ポジティブよりもネガティブに傾斜しがちな子どもの見方を，その子のよさや努力，優しさを見つけ出そうとする見方へと転換すると，結果として信頼の構築へつながります。実は，子どもは教師がどのような目で自分を見ようとしているかを敏感にかぎ分けます。つまりポジティブな教師の「まなざし」が，教師と子どもの信頼関係を構築するスタートとなるということです。

第1章　日本の教育課題の整理と「効果のある指導」

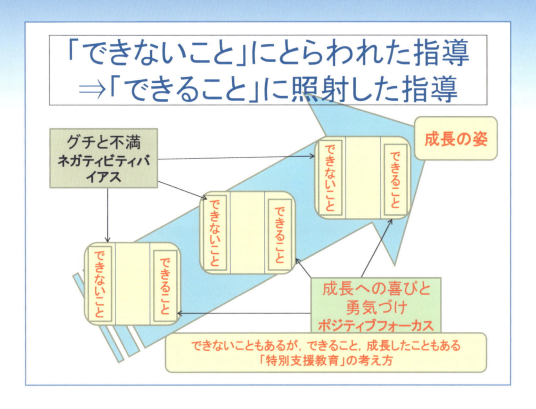

ネガティブ⇒ポジティブへ
「まなざし」の転換

ネガティブな見方
「指導してもできない」「問題児」「大変な子」

ポジティブな見方
「この子のよさは・」「元気がある」「自分に正直」

子どもの可塑性への理解と期待

47

45 「心理的安全性」が生み出す集団活力のメカニズム

　昨今の経営学において，注目されている概念の中に，「心理的安全性」があります。これは，個人が感じている所属する組織・集団への「安心感，信頼感」といえます。「間違ったことをいっても馬鹿にされない，排他されない」という安心感や集団としてのまとまり感等です。この「心理的安全性」が，組織として，集団としてのパフォーマンスを高める，というのです。子どもたちにとっては，学級の仲間への信頼感や集団への安心感といえます。

　ある中学校の生徒データを用いてパス解析を行うと，クラスに対する安心感，信頼感（心理的安全性）が高まると「問題が起こっても話し合って解決できる」ようになったり，「目標に向かって努力」できるようになったり，学級集団の自律性や活力が高まることが確認されました。また，そのことと共に学級の規範意識まで高まることが確認されました。つまり，学級担任として，活力があり，規範意識が高い学級経営を実現したいと思ったとき，この学級集団の心理的安全性を醸成することによって，集団としての活力を生み出し，規範まで醸成するという集団の行動変容のメカニズムを生み出す可能性が高まるということです。

　昨今，対人ストレスに起因する不登校児童・生徒の増加が社会問題となっています。この集団の心理的安全性を高めることが集団の自律性や活力を生み出すだけでなく，学級で生起する問題解決につながる可能性があるととらえています。

46 「相互承認」の取り組みを通した「心理的安全性」の醸成

　実際の生徒データによると，お互いのよさを認め合う相互承認の文化が高まることにより，集団として目標に向かって努力する活力が強い相関をもって高まっていることがとらえられます。子どもの頑張りと優しさのある学級づくりにおいて，相互承認の仕組みを通して集団の心理的安全性を醸成し，集団としての活力を生み出していることがとらえられました。

第1章 日本の教育課題の整理と「効果のある指導」

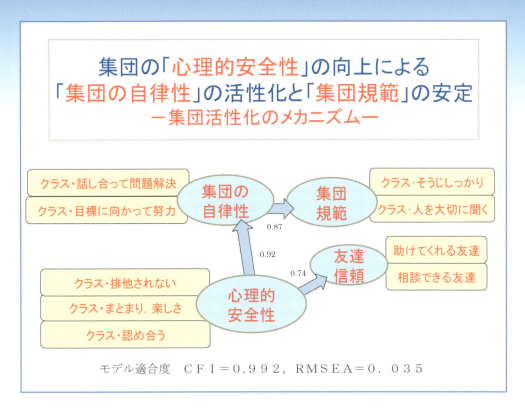

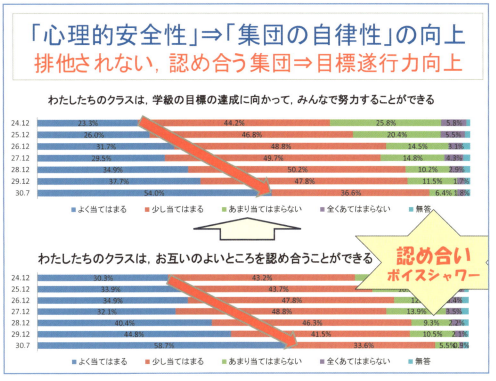

47 「自分への信頼」と「心理的安全性」を高める ポジティブ・フォーカス

　個々の子どもにおいては「自分への信頼」が高まることによって，その子の思考・判断力や意欲的な行動が高まり，学級集団においては「心理的安全性」が高まることによって，集団としての活力や規範が高まるということです。

　このように個人として，集団としてのパフォーマンスを高める「自分への信頼」や「心理的安全性」を醸成するために求められるキーワードは，「ポジティブ・フォーカス」といえます。個々の子どもや集団としての日々の頑張りや優しさをとらえて，ポジティブな勇気づけの言葉かけ（ボイスシャワー）や，子どもたちがお互いの良さをポジティブ・フォーカスで認め合う「相互承認」の取り組み等が，個としての，集団としてのパフォーマンスの向上につながるということです。

48 心理的安全性を醸成する子どもの「相互承認」 のしくみ

　学級集団の心理的安全性を高める「相互承認」のしくみとして，中学校や高等学校において「自分のよさ確認ワークショップ」を行ってきました。

　まずは，「自分自身がとらえている自分のよさ」をシートに記入し，そのシートをクラスやグループのメンバーに回して順に書き込んで行くという手順です。加えて保護者の方にも記入していただく設計としています。

　実施後の生徒の感想として，「こんな風に自分のことをみんなが見ていてくれたと思うと至福の気持ちになりました」や自分に自信がなく，誰も自分のよさを書いてくれないのではないか，と思っていた男子生徒は，（実際にやってみて）「自分のよさをこんなにも見てくれていたのかと思ったら180度自己認識が変わりました」と記述していました。短時間でできる効果のある相互承認の仕組みととらえられました。

50

第 1 章　日本の教育課題の整理と「効果のある指導」

内面の安定⇒パフォーマンスの向上
心（情動）⇒思考・行動

＜個＞	＜個＞
自分への信頼	思考・判断力up
（自尊感情）	意欲的な行動力up
ポジティブ フォーカス	
＜集団＞	＜集団＞
心理的安全性	目標遂行力up
（排他されない安心	集団規範up
認め合う安心）	⇒組織力向上

心 ⟷ 思考　行動

自分のよさの確認シート・自己認識の醸成

「自分のよさ」確認シート

HR		No		名前	

（1）　まずは、以下の表を完成させよう。また、「友達」や「家族」に自分の「よさ」についてインタビューしてみよう。

あなた自身が思うあなたの「よさ」（学び・運動・生活・性格等）

自分が思う自分のよさ

友達から聞いたあなたの「よさ」	家族から聞いたあなたの「よさ」

友達から見た 自分のよさ

（2）　自分の「よさ」を受けて、現在の自分の夢(将来の目標)と卒業後の目指す進路等について考えて記入してみよう。

自分の夢（将来の目標）

中学卒業後, の目指す進路

参考資料
自分を知るということ「心の４つの窓」～ジョハリの窓～
進路を考えるときには，自分のことを知り、自分の個性を生かせる進路を探していくことが大切です。とはいっても、自分の個性を知ることは意外に難しいものです。ここに紹介する「ジョハリの窓」（注）をヒントに、自らの個性を知るワークにトライしてみよう。
＜ジョハリの窓＞

A：開かれた窓	B：秘密の窓
自分も知っているし、他人も知っている一面	自分は知っているが、他人には知られていない一面
C：盲点の窓	D：暗黒の窓
自分では気づいていないが、他人は知っている一面	自分では気づいていないし、他人にも知られていない一面

（注）ジョハリの窓とは、コミュニケーションの円滑な勧め方を考えるために提案されたモデルです。1955年夏にアメリカで開催された「グループ成長のためのラボラトリートレーニング」席上で、サンフランシスコ州立大学の心理学者ジョセフ・ルフト(Joseph Luft)とハリー・インガム (Harry Ingham) が発表した「対人関係における気づきのグラフモデル」のことを後に「ジョハリの窓」と呼ぶようになりました。[Ｗｉｋｉｐｅｄｉａより参照]

51

49 組織的な規範づくり（しつけ）

　「子どもの意識と行動の構造図」は様々な子どもの意識と行動の特徴を教えてくれます。その重要な特徴の一つに，「『規範づくり』には『しつけ』が必要である」ということがあります。

　この図からとらえられた最も重要なことは，「子どもの『自分への信頼』が学びでの『頑張り』と生活での『優しさ』の源泉である」ということでした。それともう一つ大切なことは，「生活規範」は「自分への信頼」が高まっても直接的には高まらない，ということです。自主的には「規範」はできないのです。つまり，「規範は外からしつけなければできないもの」ということがとらえられます。したがって，規範づくりのための組織的な取り組みは，学校教育の生活の安定を実現する上で重要な要素の一つであることが可視化されました。

　ただし，生徒指導困難校や学級崩壊を起こしている学級の特徴を読み解くと決して規範指導をしていないということではありません。逆に「あれもこれも」の指導に傾斜し，どれも徹底できなくなってしまっている状況が見えてきます。

　つまり，規範づくりは「一点突破」型で一つの規範をつくることから他の規範にも広がりをみるような方法論が有効ということです。では，どこで一点突破すべきなのでしょうか？

50 「人のことを大切にして聞くこと」の指導の教育的価値

　安定した学びと生活を実現している学級づくりに成功している担任教師は，どのような規範にこだわって指導しているのかを検証しました。その結果浮かび上がってきたのが「聞く」ことの指導でした。特に「人のことを大切にして聞く」という他者意識を育てるような「聞くこと」の指導は，「学びの内実」へも「生活の安定」へも機能する「効果のある指導」であることがとらえられました。分かろうとして聞（聴）くことが，学びの内実（学力向上）を生み出し，他者意識を育てる機能を有しているのです。

第1章　日本の教育課題の整理と「効果のある指導」

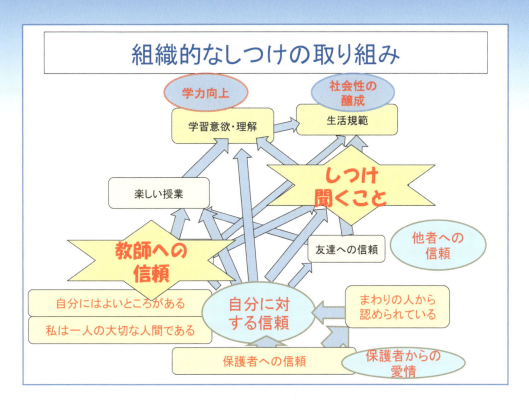

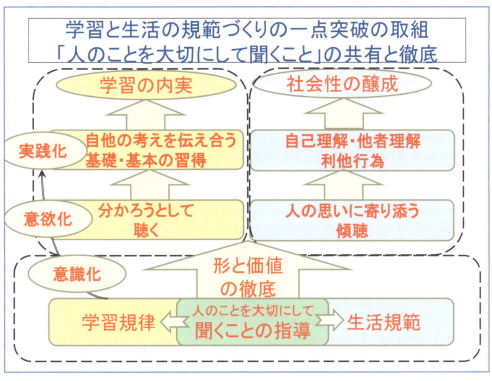

53

51 効果的な「しつけ」の3段階

「規範づくり」は，学校教育の成功に大きな影響を与える取り組みの一つです。しかし，規範指導は，担任教師や教科担当の教師の裁量と力量に任されてきた経緯があります。社会の変化の中で，特別な支援が必要な子どもや家庭的な要因で不安定になりやすい子どもが増える中，組織としての規範づくりを実現していくことが求められてきています。

では，組織として，どのように規範をつくっていくのか，組織的な「しつけ」の在り方を確認しましょう。効果的・効率的な定着を促す「しつけ」の方法として，次の3段階があります。

　①モデリング：例えば，「人のことを大切にして聞くこと」をしつけたい場合は，まず，「聞くこと」が学びや生活にとってどのように意味があり大切なことか，という「価値」を明示します。そして，さらにどのように聞くのかという「形」を示します。

　②コーチング：価値と形を教えた後の授業や集会等の実践場面で，教えた価値と形が実行されているかをモニタリングし，モデルとの適合やズレを指摘し，強化・修正を重ねます。

　③フィードバック：そして，授業が終わるとき，集会を終了するときに，今日の聞き方についての評価（「良く聞けていたね。優しさを感じたよ」）を与えていきます。このときポジティブ・フォーカスで勇気づけができると定着が大きく進みます。

52 凡事徹底による「行動の安定」と「自分への信頼」の高まり

「規範」とは，「他者意識」とつながる概念です。逆に言うと「人の話が聞ける」「掃除を一生懸命にできる」「チャイム着席ができる」ということは，自分勝手ではない「人のことを大切にした生活」という「優しさ」とつながる概念なのです。つまり，そのようにできたときに，子ども達の中に育っている「他者意識」＝「優しさ」を価値づけ，勇気づけることで，「優しくできる自分」への信頼を高めることができるのです。

第1章　日本の教育課題の整理と「効果のある指導」

「しつけ」の3段階
効果的・効率的な定着を促す指導

1. モデリング＜教えて＞＝初期指導
　　行動（ex 聞くこと）の価値を明示する
　　ルール，ゴールイメージの明示と共有

2. コーチング＜考え，試行させ＞＝自律実践
　　△モデルとのズレの指摘⇒修正・やり直し
　　◎モデルに適合した行動の抽出と共有

3. フィードバック＜価値づける＞＝勇気づけ
　　行動の定着と努力，成長の価値づけ

行動レベルの指導と内面でのつながり
（凡事徹底のしつけ）＋（自分への信頼の醸成）

<一つ一つの凡事徹底のしつけ指導>
○人のお話を「聞く」ことの徹底
○集団での移動等の指導
○チャイム着席の徹底
○清掃の指導
　　　：

<価値づけ・勇気づけの指導>
○頑張り・優しさの価値づけ
○成長への勇気づけ
○成長への期待を込めた踏み込んだ指導

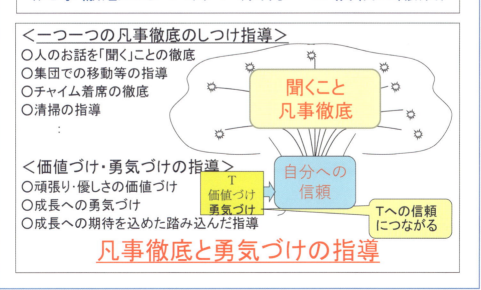

凡事徹底と勇気づけの指導

53 学力向上につながる「効果のある指導」

　学習意欲・理解を支える子どもの意識は，日々の授業に対する「好きな授業，楽しい授業がある」という意識でした。そして，この「好きな授業，楽しい授業がある」という意識を支えているのが，「自分への信頼」「教師への信頼」そして「友達への信頼」でした。

　「自分への信頼」つまり，自分へ成長への期待を高めるために必要な構成要素とそれに適合した「効果のある指導」とはどのような取り組みでしょうか？

　また，「学力向上」につながる主体的な学びを生み出す授業とは，どのような授業でしょうか？さらに，毎日の家庭学習を主体的にする具体的な方法論とはどのような取り組みでしょうか？

　以下，実践事例を踏まえながら確認していきましょう。

54 「I」を伸ばすポイント

　子どもの中に内在する能力を引き出し，活性化させるのに，有効な2つの力があります。

　その一つは，ボイスシャワーに代表される身近な他者からの「勇気づけ」の力です。自分自身では当たり前ととらえていたり，「自分はそれほどでもない」と思っていることも，身近な他者からの評価が子ども（人）にとって大きな勇気づけとなります。この身近な他者からの勇気づけが「自分への信頼」を高め，さらにはその信頼が「自分への期待」となり，自己を成長へと導くエネルギー源となります。

　しかし，実は「他者からの勇気づけ」だけでは本気の学びを生み出すことはできません。もう一つ重要なのは，自分自身の「成長目標」です。人は目標に向かって（動機・意志をもって）行動する生き物です。したがって，目標がない人間に努力は生まれません。「逆上がりができるようになりたい」「英語で○○点とりたい」「○○高校へ進学したい」という目標が努力を生み出します。

第1章　日本の教育課題の整理と「効果のある指導」

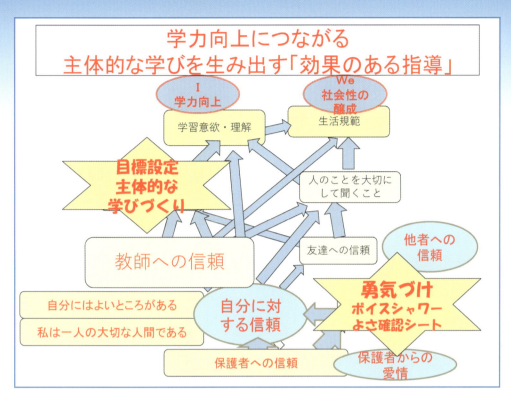

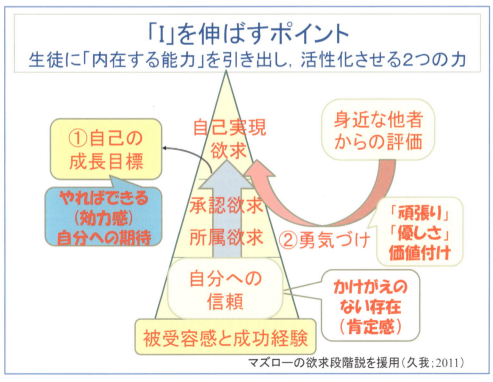

57

55 やる気と能力を引き出す 2 つの要素

　本来人間は，目標を持てたときに内発的に動機づけられ努力するものです。つまり「目標のないところに努力は生まれない」ということです。例えば学校訪問をして，中1，2年生と中学3年生の授業態度を見比べてみると明らかな違いが見て取れます。「受験」という目標が子ども達の学びの態度に反映しているのです。とすれば，日々の学びと将来の夢・目標，そして，その夢実現のための進路目標を結びつけるために，中学1年生の段階から（いや小学校の高学年の段階から）意識し，自覚化することが自律的な学びを生み出す力となるということです。

　「無目的」による「他律感のある学び」は，まさに子ども達の学習観を他律的なものとする「負の学び」となるのです。

　「自分への信頼」が能力発揮のエネルギー源となり，目標の設定が努力を発揮する舵取り（方向性を示すこと）となります。

56 「学びのポートフォリオ」シートの理念と効果

　「学びのポートフォリオ」は，①「自分のよさは？」，②「自分のよさを生かした夢・目標は？」，③「その夢・目標を達成するための努力は？」という原初的ですが大切な3つの問いを子ども達に問い続ける仕組みです。

　「学びのポートフォリオ」には，以下の機能を付与しました。

①『「学び」とは，ノルマではなく，自分の夢実現のためのツールである』という自律的な学習観を子ども達に醸成すること

②全ての子どもに自分と向き合う機会を保障し，自分のよさの自覚化と「なりたい自分」をイメージすることを促すこと

③学びや生活，部活動，ボランティア活動等での自分の努力の履歴を可視化し，誇れる自分の自覚化を促すこと

④その子の思いや努力を可視化することにより，教師や保護者が面談等で，より効果的に勇気づけ，信頼関係を醸成すること

3年間の努力の履歴が蓄積されることをねらっています。

第1章　日本の教育課題の整理と「効果のある指導」

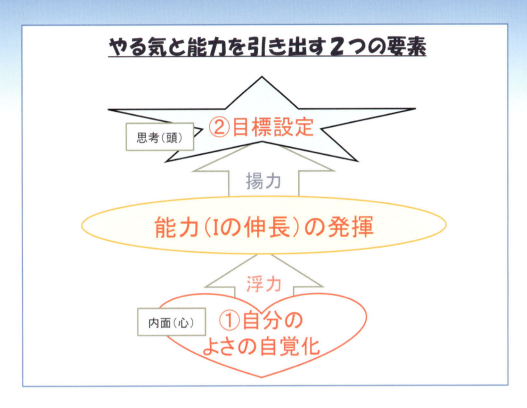

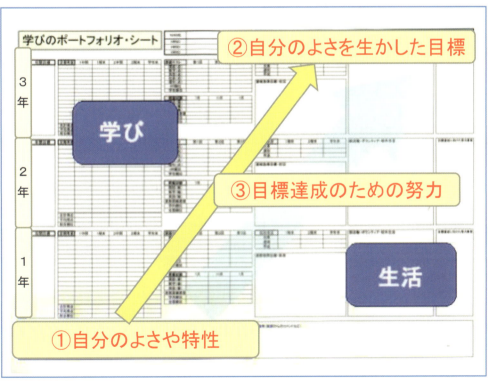

57 「自分のよさ確認シート」の必要性

　学びのポートフォリオをこれまでに複数の高等学校，中学校に導入してきました。そのときに同じような課題が生まれました。それは，1番目の「自分のよさ」が書けない生徒が多くいるということです。自分への信頼が低い日本の子どもの実態をまさに反映していることを実感しました。そこで，「自分のよさ確認シート」を開発し，自分，友達，家族の視点から「自分のよさ」を探るステップを設定しました（「相互承認シート」としても活用）。

　キャリア教育は，大きく2つの要素で構成されていて，その一つが「自己理解」，もう一つが「社会理解」です。将来の夢・目標を考えるとき，まずは「自己理解」が必要です。自分のよさや特徴，好きなこと等，自分自身の強みや適性を理解することです。自分ではよく分からない自分のよさを，このシートを通して身近な他者から可視化してもらい，「自己理解」を促すのです。

58 能力を引き出し，発揮させる「効果のある取り組み」

　子ども達のなかに潜在する能力を機能的に引き出し，発揮させるために，①「ボイスシャワー」や「よさ見つけ」，さらに「自分のよさ確認シート」を活用し，自分のよさの自覚化を促します。そして，②「学びのポートフォリオ」とそれを媒介とした「勇気づけ面談」で夢・目標の設定を促します。義務教育9年間のなかで，毎年1000時間に及ぶ授業を子ども達は受けているのですが，残念ながら「自分のよさ」については十分に理解できていないということだと思います。もし，1000時間のうちの1パーセントの時間（10時間程度）でいいから，自分のよさや自分の将来の夢・目標について考える「自分と向き合う時間」が定期的に設定されたとしたら，と考えます。そうすれば残りの990時間が「自分の夢実現のための能動的な努力を伴った学び」になる可能性が高まると考えます。このような取り組みが，混迷する教育と閉塞感の日本の社会を未来志向に変えていく力になると考えています。

第1章 日本の教育課題の整理と「効果のある指導」

自分のよさの確認シート・自己認識の醸成

「自分のよさ」確認シート

HR	No	名前

（1）まずは、以下の表を完成させよう。また、「友達」や「家族」に自分の「よさ」についてインタビューしてみよう。

あなた自身が思うあなたの「よさ」（学び・運動・生活・性格等）

友達から聞いたあなたの「よさ」	家族から聞いたあなたの「よさ」

（2）自分の「よさ」を受けて、現在の自分の夢（将来の目標）と卒業後の目指す進路等について考えて記入してみよう。

自分の夢（将来の目標）

中学卒業後，の目指す進路

参考資料
自分を知るということ「心の4つの窓」～ジョハリの窓～
進路を考えるときには，自分のことを知り、自分の個性を生かせる進路を探していくことが大切です。とはいっても、自分の個性を知ることは意外に難しいものです。ここに紹介する「ジョハリの窓」（注）をヒントに、自らの個性を知るワークにトライしてみよう。
<ジョハリの窓>

A：開かれた窓	B：秘密の窓
自分も知っているし、他人も知っている一面	自分は知っているが、他人には知られていない一面
C：盲点の窓	D：暗黒の窓
自分では気づいていないが、他人は知っている一面	自分では気づいていないし、他人にも知られていない一面

（注）ジョハリの窓とは、コミュニケーションの円滑な勧め方を考えるために提案されたモデルです。1955年夏にアメリカで開催された「グループ成長のためのラボラトリートレーニング」席上で、サンフランシスコ州立大学の心理学者ジョセフ・ルフト（Joseph Luft）とハリー・インガム（Harry Ingham）が発表した「対人関係における気づきのグラフモデル」のことを後に「ジョハリの窓」と呼ぶようになりました。[Wikipediaより参照]

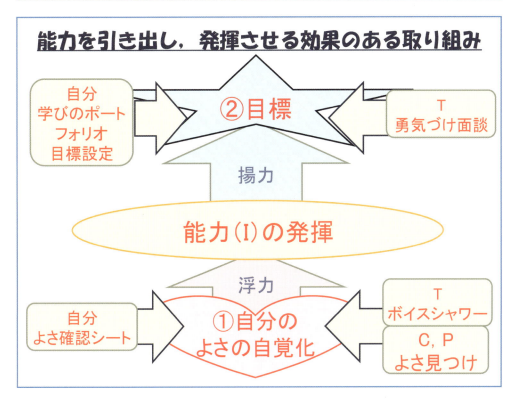

61

59 学力向上の重要なファクター

そもそも学力はどのような条件が満たされたときに向上するのでしょうか？

まず，その一つは「授業理解」が挙げられます。授業が分からない状態で，学力の向上は望めません。例えば，学力低下で苦戦する中学校を訪問した際，生徒達は十分に教師の話も聞くこともせず，「授業理解」が十分に促されていない状況が読み取れます。

もう一つは，家庭学習量です。つまり，「理解」したことの「定着」を図る場面の重要性です。秋田県の学力を支える特徴の一つとして「家庭（自主）学習ノート」の存在が指摘されています。これは，小学校の低学年のころからの家庭学習習慣のしつけが大きな力となっています。

また，中・高生の家庭学習量は，夢・目標の設定と強い相関関係にあり，進路目標が家庭学習へ向かわせる力となります。

60 学力向上を生み出す「目標の連鎖」と「家庭学習量の増加」

しかし，実際に中・高生が自分の将来の夢を自覚化し，その夢達成のための進路目標を設定し，日々学んでいると言えるでしょうか？私がかかわってきた多くの中学校や高等学校で，1，2年生の間は成り行き管理の緩やかな生活をしていて，3年生になってから駆け込み型で学んでいる様子がとらえられました。

将来の「なりたい自分」（長期）が自覚化され，そのための「進路目標」（中期）が設定されます。その進路目標達成のために，必要な検定にチャレンジしたり，模試や定期テストでの具体的な目標（短期）を設定したりします。すると，その目標達成のための具体的な努力（例えば，英単語を毎日20語ずつ覚える等）が生み出されていきます。

目標のない人間に努力は生まれません。この目標の連鎖を子ども自身が自覚化したときに，自律的な学びが成立するのです。

第1章 日本の教育課題の整理と「効果のある指導」

学力向上の重要なファクター

◇自己の成長目標（中・高＝進路目標）
　　　　　（小・中＝しつけ＋勇気づけ）
　　　　　⬇　⬇＋学び方　⬅
　　②家庭学習量の増加（定着）　　｜
　　　　　⬇　　　　　　　　　　　｜
　　　　　　　　　　　　　　｜
　　　　　⬆　　　　　　　　　　　｜
①授業理解　　　　　　　　　　　　｜
　⇒教え合い・学び合いの場の設定が有効
　（「学び方」の教え合いWSも効果的）⬅

中・高生の学力向上を生み出す目標の連鎖と家庭学習量の増加

①将来の目標（長期）
⬇
②進路目標（中期）

③学年の目標と学習計画（短・中期）

④定期考査の目標と学習計画（短期）
⇔学び方

63

61 目標を行動目標とつなぐ

　「学びのポートフォリオ」を活用して，①自分のよさの自覚化を促し，②よさを生かした将来の夢と卒業後の進路目標を設定していきます。次に，その進路目標達成のための努力計画として，「学びのアクションプラン」，「定期考査計画表」を作成し，具体的な努力計画を可視化していきます。つまり，将来の夢・目標を具体的な行動（努力）目標へと具体化し，つないでいくのです。

　学びのポートフォリオでは，自分の努力の履歴を中心に記述するのに対し，学びのアクションプラン・定期考査計画表は，目標達成のための取り組み計画を設定します。「何を（教科・内容）」「どのように（方法・時間）」をタイムテーブルに載せ，目標に向けた自己トレーニングのプロセスイメージを可視化します。まさに自己調整学習の実践版です。この営みは，自己成長を促す経験知として体得され，社会へ出ても生きて働く力となります。

62 目標設定を促す「勇気づけ面談」

　「学びのポートフォリオ」等への記述を通して，子ども自身がとらえる自分のよさや将来の夢・進路目標が可視化されていきます。学びのポートフォリオには，①子どもに自分と向き合い，自分自身をとらえようとする自己省察を支援する機能，②目に見えにくい子どものよさや目標を可視化する機能，③可視化されたよさや目標をもとに，子どもと教師，保護者が効果的に面談を進め，信頼関係を構築する機能，という３つの機能を付与しています。

　例えば，定期テスト終了後の面談では，①将来の夢・進路目標，②そのために継続的に頑張ってきたこと，③結果として表れたよさと，④次回に向けての努力目標，をポートフォリオや考査計画表等を通して聞き取り，価値づけ，勇気づけて行きます。このような「勇気づけ面談」を通して，子どもの視野の広がりを促し，進むべき方向性を明確化することで，自分への信頼を高めると共に教師への信頼を同時に高めることとなります。

第1章 日本の教育課題の整理と「効果のある指導」

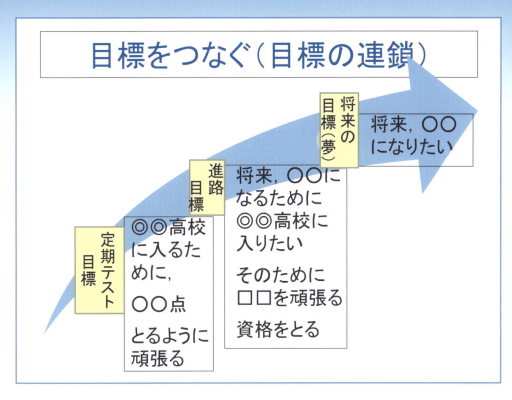

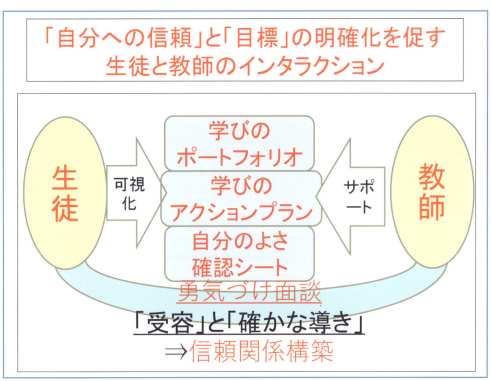

63 主体的・対話的な深い学びの展開イメージ

　主体的な学びを生み出すためには，子どもたちの思考スイッチを入れる必要感や疑問を生み出す質の高い問いや学習課題が求められます。そして，その問いや課題についてじっくりと向き合い，自問自答しながら自分の考えを練り上げる場と時間が重要となります（自立）。その自分の考えをペアやグループの中で出し合い，重ね合って集団の中で練り上げるステップへと進めていきます（協働）。さらに，全体の中でグループの考えをシェアし合い，一つの問いに対する多面的な理解へと広げていきます（創造）。

　そして，最後に本時で学んだことを振り返ると共に自分の考えの変容そのものを確認することで，本時の学びのメタ認知を促します。

　文部科学省から次世代を生きるための資質・能力として明示されている「自立」「協働」「創造」という３つのキーワードが１時間の授業の中に構成される一つの授業展開モデルとして提案しています。

64 学び合いを生み出す「聞き方スキル」

　「主体的な学び」「対話的な学び」，「深い学び」を生み出そうとするとき，人の話の「聞き方」が重要な鍵を握ります。主体的な学びを生み出すためにも，まずは「人のことを大切にして聞く」という心と行動の整いを促す態度的なトレーニングが有効に機能します。

　次に，「対話的で深い学び」を生み出すためには，態度（精神論）だけでなく，具体的な「聞き方スキル」のトレーニングが必要であり，有効に機能します。例えば，前の発表者とのつながりのある発言を生み出す聞き方として，「自分の考えと同じ（違い）を見つけながら聞く」というスキルがあります。また，深い学びへと深化させる聞き方として，「質問を考えながら聞く」というスキルがあります。どちらも低学年からトレーニング可能なスキルです。

第1章 日本の教育課題の整理と「効果のある指導」

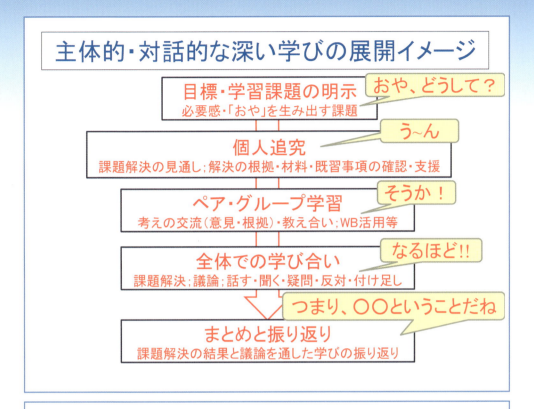

学び合いを生み出す「聞き方スキル」

「聞くこと」の<u>しつけ</u>と<u>スキルトレーニング</u>の中身

① 話は最後まで聞く（途中で口をはさまない）
② うなづきながら聞く（心の正面で受け止める）
③ 自分の考えと「同じ」を見つけながら聞く

＜つながり発言＞
重なり・違い・なるほどを発表

　「違う」を見つけながら聞く
　「なるほど」を見つけながら聞く

④ さらに「深める質問」を考えながら聞く

＜深める発言＞
深める質問を発表

　　　（それってどういうことだろう）
　（「詳しく知りたい」を探しながら聞く）

67

65 「学び合う授業づくり」の条件

　子どもが自分の考えを生み出し,互いの考えを練り合うような「学び合う授業」を存立させるためには,いくつかの条件が必要となります。

　まず,互いの考えを排他しない「心理的安全性」が担保された支持的文化が学級集団にあることが求められます。この支持的文化は,教師や子ども相互のポジティブ・フォーカスによる勇気づけのボイスシャワーが有効に文化醸成に機能します。勇気づけや相互承認の中で,子どもたちの心の整いと相互信頼が高まっていきます。

　次に求められるのは,誰かが話し始めたら自分のことを後にして,パッとその人の方を向いて聞き合える健全な他者意識であり,規範意識です。これは,行動を整える「聞くことの徹底」でトレーニングし,互いの話を聞き合う集団としての規範を醸成します。

　さらに,その上に「聞き方スキル」等,学習スキルをトレーニングすることで,機能的に発言相互のつながりや深まりを生み出していきます。

　これらの条件を組織としてのボイスシャワーや「聞くことの徹底」で整えることによって,どのクラスでも学び合う授業づくりの基礎づくりができてきます。ボイスシャワーや「聞くことの徹底」は,一見生徒指導の取り組みのようですが,学び合う学級づくりにつながる取り組みといえます。

66 ラーニングピラミッド；学習定着率

　講義型の受動的な学びの限界を乗り越えて,子どもたちの学びの内実（定着）を生み出すためには,グループ学習や教え合い,学び合いの学習方法の有効性が,「学習定着率（Learning Pyramid）」に示されています。グループ学習や人に教えたときには,思考が闊達に駆動し定着が促されることがとらえられます。教え合いは,教わった子は学習理解が進み,教えた子は学習の定着が促されるということです。どちらにも大きなメリットをもたらすということです。

第1章 日本の教育課題の整理と「効果のある指導」

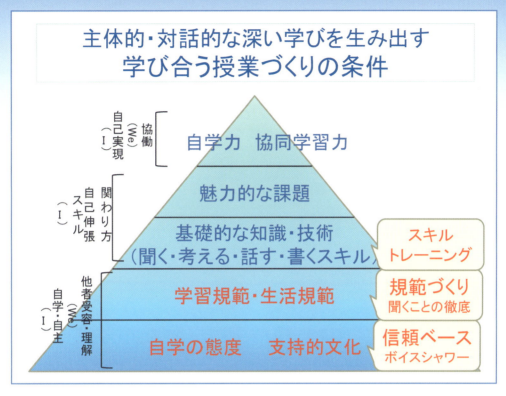

67 子どものエネルギーを活用した「勇気づけ」「規範づくり」「学びづくり」

　ここまで，「勇気づけ」「規範づくり」「目標設定と主体的な学びづくり」といった「効果のある指導」を中心にその指導の意味と価値等について，教師の目線から述べてきました。

　しかし，学校を子どものやる気と潤いにあふれた場にするためには，教師の努力と共に子ども自身のエネルギーの活用が必要であり，有効となります。

　例えば，「勇気づけ」の「ボイスシャワー」においても，「教師」⇒「子ども」も有効ですが，それに加えて「子ども」⇒「子ども」が日常的に展開されると，日々の学校生活が一気に潤いのある場へ転換していきます。

　また，「規範づくり」においても，生徒会・児童会が中心となって自治的に「チャイム着席コンテスト」や「学習規律コンテスト」等を実施することで，「自治的な規範づくり」へと転換し，子ども自身の他律的な規範から価値を伴った自律的な規範へと移行し，習得感も高まることが期待されます。

　さらに，「学びづくり」においては，これまで「教師」⇒「子ども」という一方向的な指導者と学習者のつながりのなかで学習が成立していることが一般的でした。子どもが教え合い，学び合う授業づくりの中で，「教師」⇔「子ども」⇔「子ども」という双方向的で自律的な学習観が醸成される可能性が期待されます。つまり，与えられる学習観から考えを創り出す学習観への転換が促される可能性が高まるということです。

　さらに学校行事でも子どものアイディアを生かし，自治的に進めることによって，大きなエネルギーを発揮することが期待されます。

　つまり，「自校の『学校ブランド』を自分たちで創り出す」という自治的な学校文化を醸成することによって，子どもの能力を引き出し，潤いのある学校づくりが具現化していくと考えます。

第1章　日本の教育課題の整理と「効果のある指導」

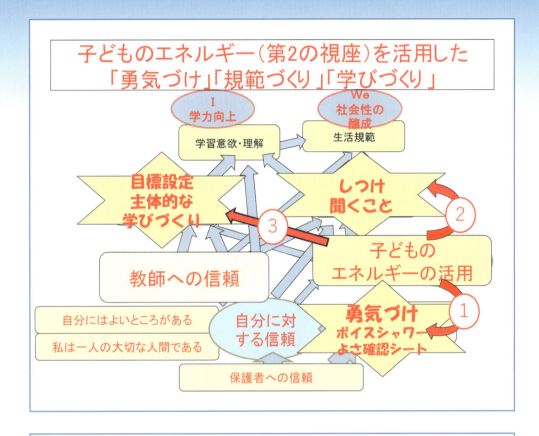

<コラム>　子どもの「自学・自治」の推進を阻む教師の「指導観」

2の視座に基づく教育の
阻害要因と促進要因

△「本校の児童は，指導しないと規範が乱れる」
　・・・だから，子どもに任せられません
　・・・だから，指導中心の教育になるんです
◎「生徒指導困難校だからこそ，子どもに考えさせる教育（第2の視座）が必要です」
　・・・やっていいことと，悪いことを，立ち止まって皆で考える場がこの子達には必要なんです
　この子達も考えると必ず何が大切かが分かります

<u>△と◎の教師の違い＝子どもへの信頼意識の差</u>

71

第 2 章

実 践 編

68 生徒指導困難校の改善への挑戦

　教育再生のシナリオの理論を実践するとどうなるのでしょうか？ある生徒指導困難校での実践を通して，その効果について検証してみましょう。

　A中学校は，学力で苦戦し，生徒指導上の問題を抱えるということで，私に校内研修へのオファーがありました。2011年11月に初めて学校訪問をし，全ての学級を参観しました。案内してくださった校長先生から，生徒指導困難な様子とそこから抜け出せない苦しさが話されました。学びへのあきらめや生活でのわがままや勝手を感じる生徒の姿を目の当たりにしながら，この学校の改善の糸口を探っていました。その中でもエスケープしている生徒や金髪に染めて授業中伏せて寝ていた生徒とのやりとりは有効でした。どの子も話をするとかわいい目をして，外部者の私とも話ができました。また，そのやりとりの中で「高校に行きたい」や「先生は優しい」等，学びや教師との関係がどちらも切れておらず，繋がっていることがとらえられました。これら生の生徒の姿をとらえながら，さらにアセスメントを行って，教育再生のシナリオ『A中大好きプロジェクト』を策定しました。

69 共同研究の経緯

　11月の訪問の後，研究室で「A中大好きプロジェクト」を策定し，管理職の先生方へ提案しました。管理職の先生から「是非やってみたい」という反応をいただきました。ただし，全員参加型でなければ学校を変えられないことから，2月にもう一度学校訪問し，先生方に提案をしました。いろいろな質問も受けましたが，全教職員の賛同を得ました。そして3月にもう一度訪問し，今度は生徒会の生徒達とワークショップを行い，生徒のエネルギーを学校改善の力として取り込んでいきました。そして，4月新メンバーと共に「A中大好きプロジェクト」をスタートさせました。

第２章　実　践　編

A中学校　2011.11〜
生徒のエネルギーを活用した
組織的協働による学校改善の可能性
〜『A中大好きプロジェクト』の展開〜

生徒指導困難校の改善への挑戦

共同研究の経緯

①11月　授業参観；授業が成立しにくい状況
　　　　学びを支える学級経営の在り方（講演）
②12月　「A中大好きプロジェクト」の管理職への提案・了承
③2月　「A中大好きプロジェクト」の全教職員への提案・合意
④3月　「A中大好きプロジェクト」の生徒会役員への紹介とワ
　　　　ークショップの実施
⑤4月　新メンバーとのシェアリング（対教師）
　　　　全校集会での大好きプロの理念を説明（対生徒）
　　　　人のことを大切にして「聞くこと」の共有と徹底
⑥6月　中間評価の実施，授業参観・研修会参加
⑦8月　中間評価のシェアリングと2学期からの取組の確認
⑧9月　体育祭参観・参加

70 初めての学校訪問（2011年11月）；Ａ中の生徒のよさと課題

　初めての学校訪問で最も強く感じたことは，生徒達の「迷子感」でした。「学力が低い」「問題行動が頻発する」という状況を踏まえながら，生徒達の学びや生活を読み取っていくと，大きく２つのことが見えてきました。その一つは，学力は低いかも知れないが「能力が低いわけではない」。生徒指導上の問題が頻発しているが「優しくないわけではない」，ということでした。

　つまり，能力の発揮の仕方，優しさの発揮の仕方がわからず，無駄にエネルギーを発散してしまっている「迷子状態」である，ととらえられました。つまり，自分の能力の発揮の仕方（Ｉの伸ばし方），優しさの発揮の仕方（Ｗｅの世界の広げ方）の道しるべを明示すれば，この子達の本来もつ能力や優しさが発揮されると読み解きました。

71 自分のエネルギーの出し方を見失った迷子状態

　今日の生徒指導困難校を訪問した際に，強く感じる共通点は，その根底に「自分への信頼の不足」があるということです。自分への不信は，教師や保護者という身近な大人への不信となり，学びや生活での指導に対する反発という形で表れます。自分への不信に基づく利那的な生き方は，中学３年間，努力すること無く過ごすことにつながり，残念ながらその生徒の将来への大きな負の遺産となります。繰り返しますが，能力が無いわけではないのです。自分を信頼する条件が整わなかっただけです。しかし，その条件の整い方の差は，その子の人生にとって大きな影響となって跳ね返ってきます。

　Ａ中学校の生徒データによると，「私は一人の大切な人間である」という質問項目に対する強い肯定は，25％程度に留まっていました。Ｚ区約5000人の平均は35％ですので，10ポイントほど低くなっていました。「どうせ俺（私）なんか」という声が聞こえてきそうなデータとして受け止めました。

第2章 実践編

2011年11月学校訪問からとらえた
A中の生徒のよさと課題

△学びからの逃避；目的を見失った迷子状態
・・・「I」の伸長の停滞
△規範意識の脆弱さ；学習規律・生活規範
・・・「We」の世界の矮小化

◎明るく，元気＜「I」のよさ＞
◎多様性を受容する寛容性＜「We」のよさ＞
◎教師への好意的認識

生きる力の矮小化
「I」眠れる能力，「We」の世界を縮小

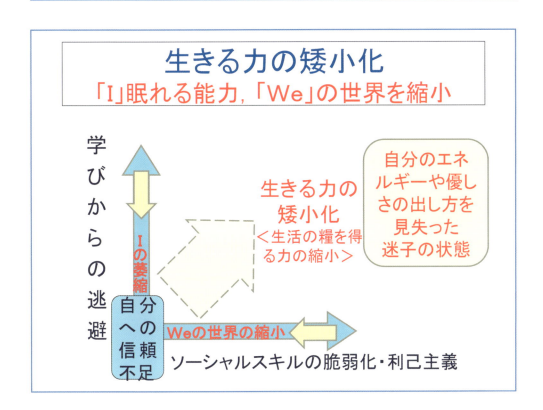

72 「Ａ中大好きプロジェクト」の策定

　Ａ中大好きプロジェクトは，生徒達へ向けてのⅠを伸ばし，Ｗｅの世界を広げる道しるべとしてのメッセージを込めて策定しました。つまり，自分の能力を磨く方向性や方法，それに人とつながり，社会の一員として健全に生きる生き方を具体的に明示し，誰でもがその道しるべに沿って，持てる能力と優しさを発揮できるように策定をしました。つまり，大人の目線からではなく，生徒目線から学びや生活を再設計し，生徒と共に「日本一，幸せが多い学校づくり」を目指すことを構想しました。そのとき，学校にこれまであった枠組みや取り組みを生かしながら設計することに腐心しました。「子どもの意識と行動の構造」に適合させた４つの「効果のある指導」を進路指導，生徒指導，学習指導，特別活動というこれまでの学校教育の指導部の枠組みと結びつけながら，無理なく実践でき，かつ効果のある取り組みへと質を高めることを標榜して策定しました。

73 「子どもの意識と行動に適合した効果のある指導」を基本にした「Ⅰ」を伸ばし，「Ｗｅ」を広げる『道しるべ』を明示する

　自分への信頼を基軸としながら，①夢実現プロジェクト（Ⅰの伸長；進路指導），②イベント実行プロジェクト（Ｗｅの世界の拡張；特別活動），③優しさいっぱいプロジェクト（Ｗｅの世界の拡張；生徒指導），④将来に生きる学びプロジェクト（Ⅰの伸長；学習指導），という４つのプロジェクトを策定しました。

　学びへの意味と価値を見失いかけている子ども達にⅠを伸ばす意味と価値，さらにはその方法を習得させ，自律的な学びを実現することをねらいとしました。また，規範意識の低下が問題とされていたＡ中の生徒達に，「人のことを大切にして聞く」という他者意識を育て，ルールやマナーが人としての優しさから生まれることを規範の徹底を通して実感させることをねらいとしました。

第2章 実践編

生徒との協働で取り組むプロジェクト

日本一幸せが多い学校にしよう
『A中大好きプロジェクト』

進路指導 夢実現	夢実現プロジェクト（Iの伸長）「自分のよさを生かした夢をもとう」	自分と向き合う
特別活動	イベント実行プロジェクト（Weの世界の拡張）友達とのかけがえのない思い出を創ろう	エネルギーの正の活用
生徒指導	優しさいっぱいプロジェクト（Weの世界の拡張）社会に通用するマナーを身につけよう	大人のマナーの習得
学習指導	将来に生きる学びプロジェクト（Iの伸長）自分の夢に近づくための勉強をしよう	夢と学びをつなぐ

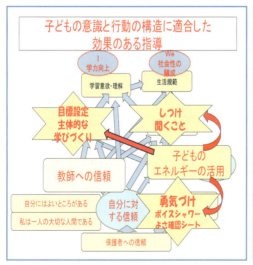

子どもの意識と行動の構造に適合した効果のある指導

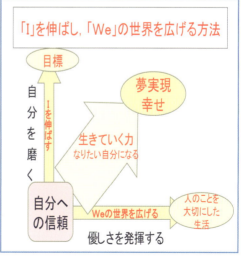

「I」を伸ばし、「We」の世界を広げる方法

74 夢実現プロジェクト（「I」を伸ばす）

　子どもに内在する能力を発揮させる2つの力は，①身近な他者からの勇気づけと，②自分自身が設定する成長目標です。目標のない人間に努力は生まれません。このことを踏まえて，①全ての生徒が自分のよさを言える学校にすること，②全ての生徒が自分のよさを生かした夢・目標を語れる学校にすること，そして，③全ての生徒がその夢実現のための努力計画を立てて『本気の自分』で挑戦する学校にすることをプロジェクトの課題としました。この成長目標を，「I」を伸ばす道しるべとしたということです。

　自分のよさを自覚化し，自分の夢・目標を設定するためのシートとして学びのポートフォリオを導入し，全ての生徒が自分と向き合い，①自分のよさは？②自分のよさを生かした夢は？③夢実現のための努力は？という原初的ですが大切な3つの問いを自分に投げかけ続けました。そして，ポジティブな自己認識を醸成することをねらいとしました。

75 学びのポートフォリオとボイスシャワー

　「学びのポートフォリオ」は，Ａ中の担当者が部分修正をし，ホームルーム活動と総合的な学習の時間を組み合わせながら「自分のよさや将来の夢等，自分自身を探究する学びの時間」として設定されました。「目標のない人間に努力は生まれない」と申しましたが，自身のよさと「夢」の設定が自分への期待（信頼）を高める効果を発揮するのです。

　初期には，「自分のよさ」も十分に書けない生徒が出ることも想定し，じっくりと自分と向き合うこと自体に意味があることを組織として共有しました。

　さらに同時展開的に，全ての教育活動の中で全教職員による「ボイスシャワー」を実施し，生徒の学びや生活にポジティブなまなざしをもって評価し，勇気づける取り組みを組織的に展開しました。自分への信頼を高める多面的な取り組みを展開しました。

第2章 実践編

夢実現プロジェクト（Ⅰ）

◎一人ひとりの夢が実現するA中
①一人ひとりが，自分のよさや個性を言える
②一人ひとりが，自分のよさを生かした夢を語れる
③自分の夢実現のための努力計画を立てて，本気の自分で挑戦する

学びのポートフォリオの導入
①自分のよさは？
②よさを生かした夢？
③夢実現のための努力は？

81

76 イベント実行プロジェクト（「We」の世界を広げる）

　初めての訪問の際に，Ａ中の生徒達がもつエネルギーが，負の方向に発散されていることがとても残念に感じられました。やんちゃはしているが，心根の優しさを感じる生徒達でした。生徒がもつエネルギーを負ではなくプラスに発揮させ，さらにはそのことを通して「自分達のもつエネルギーへの信頼」を実感させたいと強く思いました。

　このことは，行事だけでなく規範づくりや学びづくりにおいても，生徒達の知恵とエネルギーがプラスに発揮されれば大きくこの学校を変える力になるととらえました。

　Ａ中大好きプロジェクト導入直前の３月に生徒会の生徒達と面談し，ワークショップを行いました。そこでも，「やんちゃな生徒も優しい面がある。全ての生徒が持てる能力や優しさを発揮できる仕組みを考えていこう」ということが話し合われました。

77 生徒の自学，自治能力を高める取り組み

　４月，全教職員と生徒の協力で「規範づくり」に取り組むことを構想しました。特に「人のことを大切にして聞く」ということに照射して，一点突破の取り組みを設定することとしました。

　生徒会のアイディアも生かしながら，生活規範・学習規律を自治的につくることも構想しました。その取り組みの方法として，これまでのように，できていないクラスやできていないことを指摘する減点法ではなく，生徒の頑張りやクラスの協力を評価する加点式の取り組みとして設計することを確認しました。

　これまで，教師主導（第１の視座）になりがちだった規範づくりや授業づくりにも生徒のアイディアやエネルギーを活用し，自学・自治能力を高める取り組み（第２の視座）を意図的・組織的に設定することを構想しました。そして，そのことにより，生徒の頑張りや優しさを発揮する機会を増やすこととなり，勇気づけのチャンスを広げることとなることを構想しました。

第 2 章　実　践　編

イベント実行プロジェクト(We)

◎かけがえのない仲間との思い出を積み重ねるA中

①3年間の時間の中にかけがえのない仲間づくりの学校・学年・学級行事を企画する

②本気でぶつかり本気で支え合う，本気の行事を実行する

③誰も排他されない心豊かなA中を創る・・・『全員幸せ』を目指す

生徒会を中心とした
自治的な行事や取組の実施

生徒の自学・自治能力を高める取り組み

＜取り組み例＞
◎勇気づけ
行事後の生徒相互の「ありがとうメッセージ」
◎規範づくり
スタディウィーク，チャイム着席コンテスト
◎学びづくり
日常的な教え合い，学び合い
班対抗の学習コンテスト

78 優しさいっぱいプロジェクト（Weの世界を広げる）；規範づくり

　全国の小・中・高等学校には，校則（学校のきまり）がありますが，多くの学校において，校則が「3年間の治安維持」機能に留まっているととらえています。A中の先生方に「学校のきまり（校則）とは？」，ということで，お話ししたことに次のようなことがありました。「この子達の多くは，3〜5年後には社会に出ます。そのときに「あいさつができること」，「目上の人に敬語を話せること」，「時間を守ること」，「大勢の中で静かに人の話が聞けること」・・等，大人のマナーとして身につけさせたいことがたくさんあります。つまり，校則とは，3年間の治安維持機能としてではなく，社会に出たときに役立つ大人のマナーやルールを身につけさせるためのトレーニングの指針として使うべきです」，ということでした。

　この学校の生徒達には，まずは「人のことを大切にして聞く」に焦点化し，一点突破の取り組みを組織的に展開することとなりました。「社会に通用する大人のマナーを身につけよう」，が合言葉となりました。

79 将来に生きる学びプロジェクト（Iの伸長）

　生徒達の学びが他律的で，行き詰まると逃避的になることに強い課題と不満を感じました。大学院でも院生に，「学びとは，ノルマではなく，なりたい自分になるため（自己実現するため）のツールである」と話しています。中・高生にとっても，なりたい自分があって，その目標達成のためのツールとして学びがあるはずです。

　「なりたい自分になるための学び」が，主体的で，自律的な本気の学びを実現し，本来もつその子の能力を引き出し発揮させる学びを実現させるととらえています。

　このことを踏まえながら，A中では，まずは，学習規律づくりとして，「人のことを大切にして聞く」からスタートさせました。

第2章 実践編

優しさいっぱいプロジェクト（We）

◎社会に通用するマナーを身につけるA中

①学習と生活ルールの明示と共有
　規範の安定が，学びの充実につながる

②人のことを大切にした行動（他者意識の醸成）
　⇒結果として守られる規範

③「心をつなぐあいさつ」ができる，「感謝の心（ありがとう）」を身につける⇒Weを広げる力

人のことを大切にして「聞く」ことからスタートする生活規範

将来に生きる学びプロジェクト（I）

◎学び合う授業で将来に生きる学力をつけるA中

①「夢」実現のための学習をする

②「学び方」を身につけ自学できる

③自分なりの成長を大切にする
　（人との比較ではなく，昨日の自分と比べる）

④友達との学び合いを大切にした学習をする

人のことを大切にして「聞く」ことからスタートする学び

80 「人のことを大切にして聞くこと」の徹底

　4つのプロジェクトを策定して，展開するに当たって，優しさプロジェクト（生徒指導）と学びプロジェクト（学習指導）の起点を「人のことを大切にして聞く」ことに置きました。つまり，学習規律，生活規範が不十分なために，学力面も生活面でも苦戦を強いられてきたＡ中にとって，規範づくりは教育再生の必須条件でした。その規範づくりのコンセプトは，生徒のエネルギーを活用した一点突破型の組織的な取り組みでした。

　そのため，4つのプロジェクトのうち，2つのプロジェクトの取り組みを「聞くこと」に収れんさせました。

　4月最初の全校集会で，Ａ中大好きプロジェクトの紹介をする場面で，「夢を叶えること」と「人のことを大切にして聞くこと」のつながりについて，次のようにお話ししました。

81 「人のことを大切にして聞くこと」から始まる「I」の伸長と「We」の世界の広がり

　夢は，自分の持てる能力を磨き（「Iを伸ばし」），人とつながる優しさを発揮する（「Weの世界を広げる」）ことによって叶います。そのIを伸ばす学びも，Weの世界を広げる優しさも，人のことを大切にして聞くことから始まるのです。

　学習において，人の話を大切にして，「分かろうとして聴く」ことによって，学習の内実が促されます（Iが伸びる）。さらに生活において，「人の思いに寄り添いながら聴く」ことで，人の気持ちが分かり，優しさが湧いてくるのです（Weの世界が広がる）。

　つまり，「なりたい自分になる」（夢実現）ためには，まず「人のことを大切にして聞く」ことから始まるということを生徒自身が意識化し，意欲化して，さらには，実践化することをねらいとしました。人のことを大切にして聞くことによって生まれる学び（Iの伸長）と人とのつながり（Weの世界の拡張）の実感が，さらに「自分への信頼」を高める力となることを構想しました。

第2章 実践編

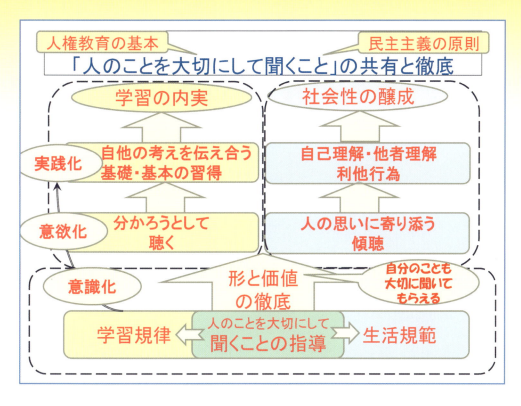

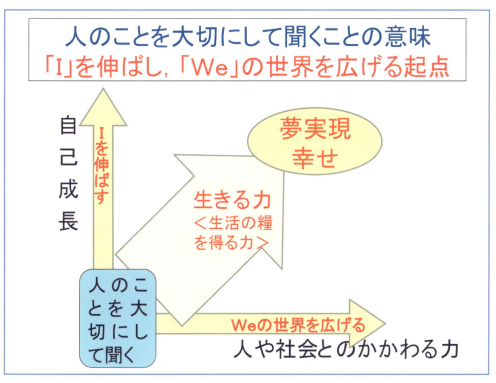

87

82 「初期指導」の有効活用

　4月は，生徒誰しもが新年度に向けた新たな思いを抱けるときです。「心機一転」という生徒が抱く思いを活用して，一気に規範をつくるチャンスが膨らむときとも言えます。

　この機を生かして，全校集会前の全てのクラスのホームルームで，「人のことを大切にして聞くこと」を，全校的な取り組みとして徹底することが説明されました。これまでの乱れた規範意識の中でどれだけ効果が表れるか不明なまま，半信半疑な思いの教師も多くいたと思われます。実際は，「これでうまくいく」という確信は，これまでの荒れた様子から誰も信じていない状況だったと思われます。

　多くのルールではなく，学びとして，人として大切な一つのルールを共有し，徹底することにチャレンジしました。

83 組織的で，多次元的な「聞くこと」の指導

　4月は，全校集会をはじめとして，学年集会，各クラスのホームルームでも，金太郎アメのように「人のことを大切にして聞く」ことが語られ，指導されることで，一点突破の規範づくりを構想しました。

　規範とはつくりにくく，崩れやすいものです。初期指導での「聞く」ことの「価値」と「形」を明示し，その後の全ての集会，授業等の場面で「聞くこと」ができているかどうかを評価・コーチングする。そして，集会，授業が終わるときに「今日の聞き方」についてポジティブな評価をフィードバックし，勇気づけて，次へつなげていくという積み重ねをイメージしました。

　また，規範づくりに生徒のエネルギーの活用も構想しました。生徒会主催のコンテスト形式で，規範づくりへの意識を生徒相互に高める仕組みです。4月を金太郎アメのようにどこを切っても「聞くこと」にこだわった規範徹底月間として位置づけました。

第2章 実践編

「初期指導」の有効活用

☆ルールの明示と生徒との共有

<u>学校として徹底して取り組むことを明示</u>
教師も生徒も本気で取り組む

<u>「人のことを大切にして聞くこと」</u>が
<u>学力向上と生活の安定に直結</u>

初期指導（4月；しつけ）「Weの世界」
生活規範，学習規律の指導と徹底

人のことを大切にして聴くことの共有と徹底

全校	始業式 全校集会 （初期指導）	校長 生徒指導主事
学年	学年集会	学年主任
学級	学級開き	学級担任

| 生徒会 | チャイム着席コンテスト | 全校コンテスト |

84 組織的な取り組みの効果を高める「一点突破型の指導」とストーリー性のある展開

　生徒指導困難校に限らず，学校の改善を実現するときに最も重要な要件は，教職員の「組織化」です。別々のイメージや考えをもった多くの教師が一つの取り組みを徹底できるようにするためには，複雑なことや，複数のことを同時にすることを求めては，組織的な取り組みは実現しません。誰もが必要と感じ，その効果を期待して取り組めるシンプルで実行可能な取り組みを設定することが求められます。そういう意味からも，「人のことを大切にして聞く」ことの徹底は，その必要感や期待される効果について，誰も否定されることのない取り組みとなりました。

　もう一つ重要なことは，焦点化した取り組み相互のストーリー性のあるつながりです。４月のスタートから３月ゴールまでの教育活動の展開にストーリー性をもたせることが，子どもの変容を段階的に実現する際に有効に機能します。

　具体的には，４月新入生と新任の教師陣を迎え，学校（組織）として大切にする規範を共有するところからスタートする学校が多いと推察します。Ａ中学校の場合は，これまでの規範の乱れが，学力低下等の元凶となっていたことから，この規範づくりから全ての教育活動をスタートさせました。まずは，規範づくり，ということです＜４月；規範づくりステージ＞。

　４月規範づくりが一定程度できたところで，仲間づくりを促す活動，学びへ誘う活動を設定していきます。Ａ中では生徒会が中心となって，中間テストに向けた「学び合い，教え合い」のイベントが設定されました（めっちゃやるぜよ学びウィーク）。生徒相互の教え合い，学び合いを通して，「仲間づくり」を進めることをねらいとして設定されました＜５月；仲間づくりステージ＞。

　規範ができ，聞き合える仲間づくりが進んだところで，６月は「学びの充実ステージ」として，生徒の学び合いを進め，教師は授業研究を進めることを構想しました。

　このように，組織として一歩ずつ子どもの成長を促していく仕組みを設定することが，今日の学校教育に有効に働くと想像します。日本

の多くの学校が，やや取り組みがオーバーフローしている状況にあることがとらえられます。どんなに良い取り組みも複数のことを同時に展開しようとすると，どれも徹底しないばかりか，教師の「やっても無駄」という負の学びを蓄積することになりかねないと考えています。大切なことに焦点化し，一歩ずつ進めることの方が，小さなエネルギーで大きな効果を生み出す可能性が高まると考えます。

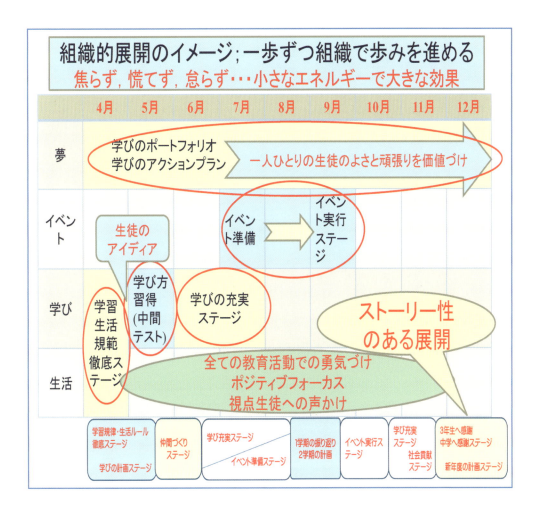

85 実践の経過

　4月最初の全校集会が実施されました。昨年度までの集会の様子から，集会で静かに聞けるということはあまり期待されていませんでした。教頭先生も「久我先生から生徒達へお話をする時間は私語も多く失礼な時間になる」ととても心配されていました。

　そんな中，集会は始まりました。345名の生徒が入場してきましたが，私語で全体がざわついた感じでした。校長先生が全校生徒の前に立たれて，10秒，20秒とじっと待たれました。すると，一瞬静かになりました。その瞬間をとらえてあいさつをされ，「A中大好きプロジェクトの紹介を久我先生からお聞きします」と，私にマイクを渡してくださいました。私もこの静かになった瞬間を逃してはならない，と思いました。この静かな瞬間をとらえて，胸ポケットからペンを取り出して次のようなことを生徒達に伝えました。「400人近い人がこの体育館にはいますが，このペンを床に落とすとその音が体育館じゅうに響くでしょう。この静かさは，誰の何がつくったと思いますか？それはみなさんの私の話を大切に聞こうとする優しさがつくった静かさです。みなさんの中には，人を大切にできるすばらしい優しさがあります。そして，もう一つ，みなさんの中には自分も知らないすばらしい能力があります。その能力を磨き，優しさを発揮して，A中を日本一幸せが多い学校にしましょう」と語りかけました。

　「幸せ」とは，①能力を磨きできることが増えたとき，つまり，I が伸びた瞬間が幸せ。そして，②優しさを発揮して人にありがとうと言われたとき，つまり，We の世界が広がった瞬間が幸せ。そして，生徒達へ「A中を日本一幸せが多い学校にしよう」と呼びかけました。そして，「I を伸ばし，We を広げるためには，まず，『人のことを大切にして聞く』ことからスタートさせましょう」と話しかけました。「人のことを大切にして聞くことで，学びと心が豊かになること」をお話しし，「A中を皆の力で幸せな学校へ変えていこう」と訴えました。

第2章 実践編

「幸せ」とは・・・
学校は個々の能力を伸ばし，人を幸せに導くところ

「I」の伸長；がんばった，成長した，という実感

幸せ / 夢実現 幸せ / Iを伸ばす / 生きる力＝幸せ / Weの世界を広げる / 幸せ

「We」の拡張；
人の役に立った，ありがとうが響き合う実感
『A中を日本一幸せが多い学校にしよう』

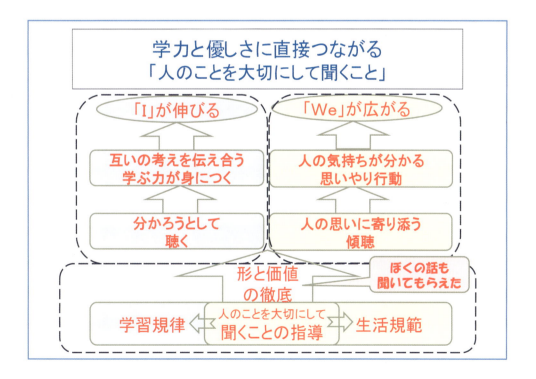

86 動き出した A 中学校（4 月・5 月）

　4 月の全校集会での生徒達の聞き方の変容は，そのまま日常の変容へ受け継がれていきました。校長先生始め多くの先生方が朝の立哨指導に立たれ，生徒一人ひとりに積極的に声を掛けられました。また，視点生徒（やんちゃな子等）を中心に日常的な声かけ（ボイスシャワー）を組織的に実施され，生徒と教師の距離感を縮め，笑顔が増えてきました。

　生徒会もすぐに動き始めました。4 月は全校を挙げて「聞くこと」の一点突破の取り組みをすることを想定していましたが，生徒達は，「聞くことの前に，授業時間に間に合うこと，授業準備を整えることができていなければいけない」と言って，「ぴったりスタート（チャイム着席）」と「ばっちりスタート（授業準備）」の全校コンテストを行い，生徒主体の規範づくりに取り組みました。

　また，5 月には，中間テストに向けた生徒会主催の取り組みとして「めっちゃやるぜよ，学びウィーク」が展開されました。班対抗の教え合い，学び合いで，テスト勉強を進めるという取り組みでした。仲間づくりが進むと共に，学びをあきらめていた生徒が友達の支援で「分かるようになった」と言うようになりました。

87 動き出した A 中学校（6 月）

　6 月には，高校説明会が 3 年生を対象に実施され，高校の先生からの説明を受けました。そのときにある高校の先生から「A 中の生徒の聞き方はすばらしい。A 中の生徒なら喜んで受け入れます」という主旨のお話をされたということでした。校長先生もすぐに 3 年の生徒と先生方へそのことを伝えられ，勇気づけられました。人のことを大切にして聞くことが日常化してきたことを伝えるエピソードでした。

　また，6 月の授業研では，「聞き合う授業」が展開されました。ただし，生徒が聞けるようになると，教師の授業力が問われるようになり，魅力ある授業づくりが課題となっていきました。

動き出したA中

4月　聞くことを大切にした学びと生活の共有
　　　　　全校集会（対面式）での聞き方の変容
　　　　校長先頭；朝，挨拶と生徒への声かけ
　　　　全教職員；視点生徒への日常的な声かけ
　　　　生徒会；ぴったりスタート，ばっちりスタートコンテスト
5月　生徒会；中間テストに向けた学習コンテスト
　　　　　　①5教科担当教師から30問提示
　　　　　　②班の目標設定，作戦会議，勉強期間
　　　　　　③目標クリア確認テスト
　　　　　　④中間テストへ10問出題
　　　　2つの効果⇒仲間づくり＋基礎学力の定着

動き出したA中

6月　高校からの説明会；3年生の聞く姿勢態度◎高評価
　　　　⇒3年生，先生へフィードバック

6月　授業研での特徴
　　◎授業での聞く姿勢
　　　　人のことを大切にして聞くことの徹底
　　◎作業課題；50分間聞くだけの授業に耐えにくい生徒
　　◎グループ学習の意図的設定
　　　　（学び合い，教え合い＝主体性と理解の促進）
　　　　明るさ元気さを生かした教え合い場面の設定

88 生徒の変容；自分への信頼，被受容感

　4月からの生徒達の変容は，教職員の驚きとして実感されていました。学びのポートフォリオを再設計した担当教師から，アンケートを実施してその変容を数値でとらえたい，という要望がありました。A中大好きプロジェクトを実施して2月あまりの6月に，アンケートを実施し，その変容を確認することとしました。

　「わたしは一人の大切な人間である」という問いに対して，23年12月の段階では，強い肯定意見が25％程度でした。先述のZ区15校の平均は，35％程度有りその低さが際立っていました。それが，6月の段階で34％とZ区平均に接近し，肯定意見全体では，Z区を上回ってきました。

　その要因として「私は，まわりの人から認められている」という被受容感の高まりがあります。特に6月データの「強い否定層」が0％となったことが，嬉しい結果としてとらえられました。教職員の組織的なボイスシャワーが，強い否定層（阻害意識の強い生徒）の心をほぐしてきていることがとらえられました。

89 生徒の変容；学びへの意識

　一方，聞くことの徹底が，生徒達の学びへの意識を変えていることがとらえられました。

　「好きな授業，楽しい授業がある」では，強い肯定が9ポイント近く上昇し，「わたしは，授業に意欲的に取り組んでいる」でも肯定意見が，7ポイント上昇しました。

　授業風景も一変し，生徒達が黒板のところへ出て説明するような授業が実施されるようになりました。また，それを聞く生徒達の姿にも「人の話を目で聞く」という姿勢がとらえられるようになりました。床に寝転がっている生徒や伏せている生徒，私語をする生徒が見られなくなりました。やんちゃな生徒からも「授業をちゃんと聞くようになったら，勉強が分かるようになった」という声が聞かれるようになりました。

第2章 実践編

生徒データの変容（自己肯定感，被承認感）
23.12⇒24.6（ビフォー・アフター）

わたしは，一人の大切な人間である

	よくあてはまる	すこしあてはまる	あまりあてはまらない	まったくあてはまらない	無答
貴校(23.12)	25.3%	44.0%	23.7%	4.7%	
貴校(24.6)	34.4%	42.9%	17.4%	5.4%	
区全体	35.2%	40.0%	18.5%	5.6%	

わたしは，まわりの人（家族，友達，先生）から認められている

	よくあてはまる	すこしあてはまる	あまりあてはまらない	まったくあてはまらない	無答
貴校(23.12)	13.0%	46.5%	33.2%	6.0%	
貴校(24.6)	11.4%	51.7%	32.5%		
区全体	11.5%	48.2%	32.6%	7.0%	

生徒データの変容（学習への意識）
23.12⇒24.6（ビフォー・アフター）

好きな授業，楽しい授業がある

	よくあてはまる	すこしあてはまる	あまりあてはまらない	まったくあてはまらない	無答
貴校(23.12)	43.7%	32.6%	18.0%	4.4%	
貴校(24.6)	52.4%	31.9%	9.8%	5.7%	
区全体	53.2%	27.9%	12.7%	5.7%	

わたしは，授業に意欲的に取り組んでいる

	よくあてはまる	すこしあてはまる	あまりあてはまらない	まったくあてはまらない	無答
貴校(23.12)	18.4%	43.0%	32.0%	5.4%	
貴校(24.6)	23.0%	45.4%	26.8%	4.4%	
区全体	17.0%	51.7%	25.6%	5.1%	

90 生徒の変容；教師への信頼

生徒達の教師への信頼（受容と導き）の変容も確認されました。

「わたしのクラスの先生は，わたしたちの気持ちや思いをよく受け止めてくれる」という「受容」の項目では，肯定意見がＺ区平均を上回りました。また，「わたしのクラスの先生は，勉強や生活できちんと指導してくれる」という「確かな導き」の項目で，9.5ポイント上昇し，強い否定層がわずかとなりました。

全教職員によるボイスシャワーによる「被受容感」の高まりと，「人のことを大切にして聞くこと」の指導の徹底を通した「確かな導き」が，生徒の教師に対する信頼意識の高まりを促したことがとらえられました。

91 生徒の変容を生み出した教師の取り組み

さらに，生徒の変容を生み出した教師の取り組みとして，学びのポートフォリオや中間テストに向けた学習計画表を通した面談の効果も挙げられます。中間テスト後のホームルーム等の時間を活用して面談を実施し，努力したことを中心に話を聞き，頑張りの勇気づけを行いました。教師は，生徒の頑張りやよさに照射したポジティブ・フォーカスで面談に臨みました。

生徒達にとって，自分の頑張りや努力を直接価値づけてもらえる機会となり，「自分に対する信頼」と「教師への信頼」を同時に高める効果のある取り組みとなりました。時間と手間を掛けてもあまりある効果が得られることを実感した先生方が，担任と副担任で手分けをして，年間を通して続けられました。

また，この面談を重ねていく中で，生徒の悩みを打ち明けられる場面も生まれ，教師に心を開く効果もとらえられました。このことは，問題を軽微なうちに解消する効果もあり，不登校の未然防止等の機能も果たすことが確認されました。

この面談は，特に集団の中に埋没しがちな中下位層の生徒の内面を可視化し，信頼を高める効果があることが実感されました。

生徒データの変容（教師への信頼）
23.12⇒24.6（ビフォー・アフター）

わたしのクラスの先生は，わたしの気持ちや思いをよく受けとめてくれる

	よくあてはまる	すこしあてはまる	あまりあてはまらない	まったくあてはまらない	無答
貴校(23.12)	24.1%	40.8%	24.7%	7.0%	
貴校(24.6)	26.2%	45.1%	20.5%	6.9%	
区全体	23.5%	44.0%	22.9%	8.9%	

わたしのクラスの先生は，勉強や生活で，きちんと指導をしてくれる

	よくあてはまる	すこしあてはまる	あまりあてはまらない	まったくあてはまらない	無答
貴校(23.12)	32.6%	42.4%	17.7%	4.1%	
貴校(24.6)	38.8%	45.7%	12.6%	2.2%	
区全体	39.1%	40.7%	14.2%	5.4%	

ポジティブフォーカス，勇気づけ教育

学びのポートフォリオ
学びのアクションプラン

→ 一人ひとりの生徒に
よさと頑張りを価値づけ

92 教師の変容；価値づけ・勇気づけ

A中大好きプロジェクトを通して，生徒の内面への勇気づけ（ボイスシャワー）を行い，「自分への信頼」を高めることに照射した教育を展開しました。そのことによって，教師の意識と行動に大きな変容が確認されました。

その一つが，生徒のよさを見つけて価値づけるポジティブ・フォーカスです。「子どもの良い行動を積極的に見つけて，クラス全体に紹介する」の項目では，強い肯定が21％から40％へ倍近く増加しました。

また，特別な配慮が必要な生徒への意図的な声かけ（ボイスシャワー）の取り組みを通して，その生徒への合理的配慮に基づく関わりの高まりが確認されました。例えば，「問題を抱える子等特別な配慮を必要とする子にも活躍・活動の場を意図的に設定している」の項目では，90％の肯定意見が確認されました。

93 教師の変容；生徒への「まなざし」

生徒指導の困難な状況を断ち切るために導入した「A中大好きプロジェクト」でしたが，そのコンセプトは勇気づけを基本とした「子どもの自分に対する信頼の構築」と「人のことを大切にして聞くことを通した規範づくり」でした。そして，子どものエネルギーを得ながら全員参加型の学校づくりを進めることをねらいとして実施してきました。つまり，子どもが本来持つ能力と優しさ，そしてエネルギーを信じて策定したプロジェクトと言えます。

スタート当初は教師側にも半信半疑な面もありましたが，いざスタートし，ボイスシャワーと聞くことの徹底の中で，生徒達は大きな変容を見せてくれました。その変容が，教師の子どもの成長への期待をさらに高め，子どもへの教育的な愛情を高めたととらえます。その教師の子どもへの信頼の高まりは，そのまま生徒への「まなざし」の変容となり，さらに生徒の変容を生み出したと推察されます。

第2章 実 践 編

生徒の変容を生み出した教師の指導・支援
23.12⇒24.6（価値づけ，勇気付け指導）

教師の生徒への「まなざし」の変容

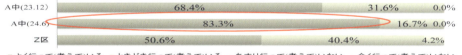

エピソード；体育祭での姿と教師のコメント

　９月に実施された体育祭は生徒達のすばらしいエネルギーと団結力が発揮されました。終了後の解団式では，３年生から１,２年生へのエールや１,２年生から３年生への感謝が述べられ，充実感と感謝に満ちていました。その中でお世話になった先生への感謝の言葉も生徒から先生へ掛けられました。先生は，昨年との違いに驚きと戸惑いを感じていました。「何が，Ａ中をこんなに変えたのだろう？」とおっしゃいました。

101

94 生徒の変容の自覚；アンケートの記述から

　アンケートの自由記述の中に，自分として変わったところとして，「テスト勉強をまじめにできだした」というコメントが複数書かれていました。これは，「めっちゃやるぜよ，学びウィーク」の効果と言えるかも知れません。1年生のときはテスト勉強もしていなかった生徒達が，生徒相互の教え合い学び合いの中で基礎学力を高めたことが点数からも確認されました。学びやボランティアに向かう主体性の高まりを感じている生徒も多くいました。

　また，学校・クラスの変容として，集会や授業での「聞くことの徹底」で静かさや学びへの集中，真面目さの向上が多く書かれていました。また，「聞くこと」の一点突破から，「あいさつ」や「掃除」等への取り組みの変化を指摘する声が多く寄せられ，規範全体が安定したことがとらえられました。

95 生徒会の生徒によるワークショップ；
24.3 ⇒ 25.1 の変容

　また，生徒会のメンバーでワークショップを行ったときのコメントにも大きな変化がとらえられました。24年3月にプロジェクト導入直前に行ったワークショップでは，「A中は，授業をエスケープする人が多く，おしゃべりも多く，人が傷つくことも平気で言う」という意見が出されました。そして，そのとき話されたことは，問題を起こしている生徒も花を植えているときに手伝ってくれたりして優しい面がある，ということでした。そして，誰もが頑張れて，優しい学校になるためにできることを考えよう，と言って生徒会の取り組み案を考えていきました。

　そして，10ヶ月が過ぎ，25年1月に生徒会の新メンバーでワークショップをしたときには，「A中にはいじめがないし，困っている人がいるとたすける」「先生とすごく仲がいい」という意見が出されました。同じ学校でありながら，生徒達の頑張りと優しさが発揮される学校に転換したことがこのワークショップからもとらえられました。

第2章 実践編

生徒の変容意識（感想）;6月中間評価
A中，自分の変わった（成長した）ところ

＜自分＞
◎テスト勉強をまじめにできだした
◎自主学習ができるようになった
◎ボランティアに取り組むようになった
＜学校・クラス＞
◎集会が静かになった。授業中私語がなくなった
◎まじめにできる人が多くなった，まじめな人が急増
◎あいさつがふえた，明るくなった
◎掃除がちゃんとできだした，ゴミが落ちていなくなった
□事件がなくなった（自転車盗，ばくちく）

A中の変容
生徒会役員のWSでの発言から

平成24年3月　　　　　平成25年1月

「攻撃的な他者意識」　　　「柔和な他者意識」

▲授業をエスケープする　　◎いじめはない

▲授業中，私語をする　　　◎困っている子を助ける・教え合う

▲人が傷つくことを言う　　◎先生と仲がいい

体育祭
授業風景
も変容

▲物を蹴って壊す

心の安定が行動の安定につながる
自分を磨く生徒＝他者を思う生徒

103

96 学力・問題行動での変容

　A中大好きプロジェクトを導入して，子ども達の学びと生活において，大きな変化がもたらされました。

　具体的な学力テータにおいても，問題行動等の発生数においても大きな変容が確認されました。

　では何が，子ども達の変化を生み出す力となったのでしょうか？子どもの意識と行動の構造に適合させて，最も大切にしたのが「自分への信頼」（「わたしは一人の大切な人間である」）です。初めて学校訪問したときに，生徒達の学びへのあきらめや生活での自分勝手な振る舞いは，自分に対する信頼を低減する負の効果をもたらしていると感じました。自分への不信の結果として，学びからの逃避や排他的な振る舞いを発症し，I は伸びず，We の世界が広がらない，迷子のような状態を生み出しているととらえました。

　自分への信頼を回復させるために，勇気づけのボイスシャワーや学びのポートフォリオ，そして，聞くことの徹底を通した学びの内実を具体化していきました。

　I を伸ばし，We の世界を広げるエネルギーの源泉として，「自分への信頼」に照射した教育を展開したということです。

97 Ａ中の変容を支えたもの；生徒の「自分に対する信頼」の変化

　A中大好きプロジェクトを導入して，1年半が経過した段階で，「わたしは一人の大切な人間である」に対する強い肯定意見は，47％にまで高まってきました。生徒達の主体的な学びや潤いのある生活の源泉として位置づけた「自分への信頼」の高まりは，学校の空気と見える風景を変えました。ただし，否定層も存在し，負の連鎖が巻き返す危険性を，はらんでいます。年月が経ち，メンバーが入れ替わり，安定の中に安穏とすることで，勇気づけの文化が弱まったときに危険信号が点灯することでしょう。今後も勇気づけと規範づくりの文化を継承することが求められます。

学力・問題行動で大きな変容

①自分の夢に向かって学び始めた生徒達
②自分のよさを認識し，行動が落ち着いた生徒達
③友達一人ひとりのよさを認められる心のゆとり

「I」を磨き，「We」を広げる生徒たち
「私は一人の大切な人間である」の自覚化
生徒の内面にはたらきかける一点突破の取組

A中の自分に対する信頼の変化
23.12⇒25.7にかけて

わたしは，一人の大切な人間である

	よくあてはまる	すこしあてはまる	あまりあてはまらない	まったくあてはまらない
A中(23.12)	25.3%	44.0%	23.7%	4.7%
A中(24.7)	34.4%	42.9%	17.4%	5.4%
A中(24.12)	33.4%	45.2%	16.9%	4.5%
A中(25.7)	47.6%	35.5%	12.8%	3.5%
区全体	35.2%	40.0%	18.5%	5.6%

98 子どもの「成長の木」のイメージ

　学校で学ぶことの一番の理由は，子ども達が自分の幸せな将来を生み出すためです。つまり，一人ひとりの子どもが自分のよさや特徴を生かし（Ⅰを伸ばし），人とつながる術を身につけ（Weの世界を広げ），「なりたい自分」になるために学ぶのです。小・中学校では，自分の特徴やよさが未分化で，無自覚であるため，様々な教科を学び，将来の基礎となる基本的な知識や技術を身につけると共に，自分探しを進める時期でもあります。そこには，教師の確かな導きや勇気づけが必要となります。

　子ども達の「成長の木」をイメージすると，教師や友達，家族からのボイスシャワー等が成長の木の根幹への大きな栄養となります。学びと生活におけるしつけも子どもの成長を支える大きな力となります。さらには，子ども達の自主や自治の場面を位置づけ，主体的な学びと生活づくりを進ませることが将来の自立と自律に大きく役立つこととなります。

99 「幸せの最大化」（正の循環）を生み出すメカニズム

　生徒指導の困難な状況を振り返ってみると，生徒も教師も，それを見守る保護者も皆が不信を相互に感じ，誰も幸せになれない状況が見られました。23年3月に生徒会のメンバーでワークショップをしたときにも，「保護者や地域の人たちは，A中の生徒を問題視している」という発言がありました。風評が地域に広がり，小学校から私立中学校へ進学する生徒が増え，負の連鎖が渦巻いていました。負の連鎖を断ち切り，正の循環へと転換させる基軸は，やはり教職員の組織的な勇気づけとしつけでした。全教職員による生徒の内面への勇気づけと行動面への「聞くこと」のしつけが，生徒の主体的な学びと生活の安定を生み出しました。その生徒の変容は教職員の勇気づけとなり，さらなる組織化を生み出しました。そして，結果として保護者の信頼を生み出し，学校教育にかかわる全ての人の幸せの最大化を実現することとなるのです。

第 2 章 実 践 編

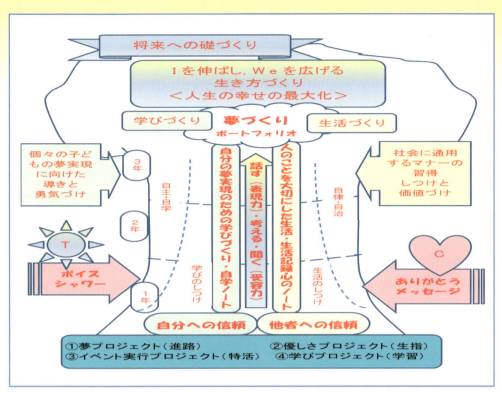

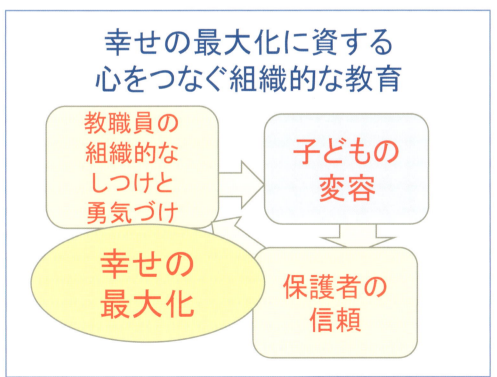

107

100 組織化（教師の協働）による教育改善（子どもの変容）の可能性

　今日の学校組織を俯瞰すると教職員の組織的な協働が実現している学校がどれほどあるでしょうか？組織化や協働という言葉は広く使われていますが，具体的な取り組みを全教職員の合意の元に展開し，効果を上げている学校はそれほど多くありません。

　もともと個々の教師の裁量性が大きく，個人的な指導論をもとに教育活動を実施している実態から，逆に組織化しにくいという特性を学校組織はもっています。

　したがって，今日の学校教育の中で「組織化」を具現化している学校は希であり，組織化により学校の変容を実現したという経験をもつ教師もほとんどいないのが現実でしょう。

　この教育困難な時代であるからこそ，従来の個別分散型の組織から，目標共有型で組織的な取り組みを実現する組織へ転換することが求められています。全教職員による組織的な取り組みが生み出す効果は，これまでの個別分散型の組織では想像できない効果を発揮します。

　教職員が We を主語とした組織となったとき，優れた実践は共有され，子どもの変容も，保護者の信頼も全体的なものとして効果を表します。

101 学校改善を生み出す 2 つの条件

　ただし，組織化すればみんな幸せになれるというものではありません。やはり，子どもの頑張りと優しさを生み出す「効果のある指導」を組織的に展開する必要があります。子どもの意識と行動の構造図で示された子どもの頑張りと優しさの源泉である「自分への信頼」を高めること。そして，自主的には生まれない規範を組織的につくり出す「聞くこと」のしつけ等，子どもの意識と行動の構造に適合した効果のある指導を組織的に展開することが大きな子どもの変容，つまり教育の成果を生み出す力となるのです。

第2章 実践編

組織化による教育改善の可能性

個別分散型組織	目標共有型組織
「I」を主語とした教育	「We」を主語とした教育
▲優れた実践⇒自己完結型	◎優れた実践⇒共有
▲個々の悩み⇒抱え込み	◎個々の悩み⇒組織的解決
▲子どもの変容;部分的	◎子どもの変容;全体的
▲保護者の信頼;部分的	◎保護者の信頼;全体的

教職員の子どもの実態に基づく
主体的統合による組織化

学校改善を実現する2つの条件

①組織的な取組（組織化）

②効果のある指導の導入

生徒の意識と行動の構造に適合した
効果のある取組

内面＝勇気づけ⇒自分への信頼
行動＝「聞くこと」のしつけ

102 「効果のある指導」を通した「3つの視座」の獲得

　子どもの意識と行動の構造に適合した効果のある指導を整理すると，以下のようになります。
　①組織的な聞くことのしつけ
　②主体的な学びづくり
　③子どものエネルギーを活用した活動づくり
　④子どもの自分への信頼を高める「勇気づけ」（ボイスシャワー）
　これら4つの取り組みを組織的に展開することによって，全ての教師が①きちんとしつけをすることができるようになる（第1の視座），②，③子どもの考えやアイディアを生かした学びや活動の場を設定できるようになる（第2の視座），④子どものよさを見取り，勇気づけできるようになる（第3の視座）ことを促します。教師も個性をもった存在ですので，しつけがうまい，うまくない，があります。勇気づけも同じです。しかし，組織として実施することで，しつけや勇気づけがうまい教師の技や術を協働的に学び合うことができます。つまり，子どもの変容を実現する効果のある指導の組織的展開は，子どもの成長を促すのみならず，教師のOJT型の実践力の育成（3つの視座の獲得）の場ともなるのです。

103 学校の3つの課題を同時に解決する学校組織マネジメント

　つまり，自校の子どもが抱える教育課題を子どもの意識と行動の構造に照らし合わせて可視化し，それに適合した効果のある指導を組織的に展開することによって，子どもの変容とともに教師の指導の質的転換（3つの視座のバランスのとれた指導），さらには教職員の組織化を同時に実現するのです。つまり，3連立方程式を同時に解決し，さらには，保護者の信頼まで勝ち取る可能性も高まるということです。
　学校教育が抱える課題が複雑化，複合化し，高度化する中で，できるだけ問題を単純化して，効果的に解決する道筋を明らかにすることが求められています。これが教育再生のシナリオです。

第2章 実践編

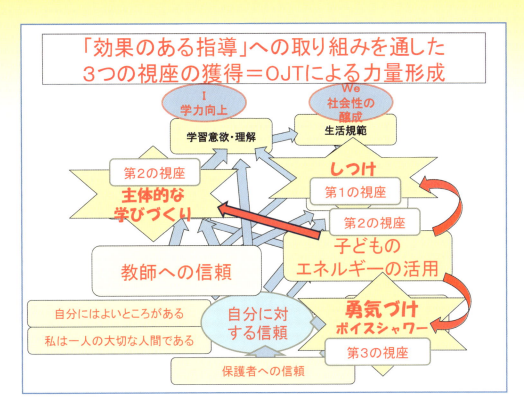

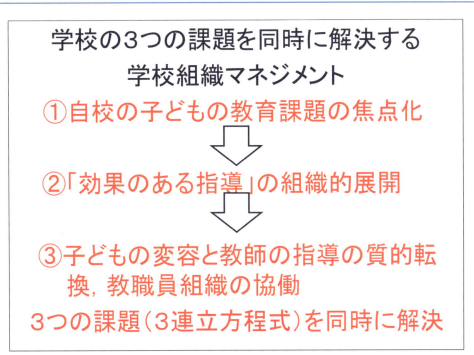

111

104 教師の主体的な組織化を促す学校組織マネジメントの流れ「教師の主体的統合モデル」（久我2013援用）

　組織化がどのくらい組織として図られているかは，個々の教職員の重点目標への意識と取り組み目標の実践の度合いによって測られます。つまり，子どもの変容を促す組織力は，教職員のこの重点目標の意識化，意欲化，実践化の３段階がどのように促されたかによって決まってきます。そのとき重点目標の明確さと取り組みの具体性も重要なファクターとなります。

　目標共有の在り方には，２つのタイプがあります。１つ目は，トップダウン型で組織目標がトップから与えられ，それを遂行するタイプ（統制型組織）です。２つ目は，全教職員の手で，子どもの実態から取り組むべき教育課題を組織的に整理・抽出し，目標を共有するタイプ（全員参加型）です。

　第２のタイプでは，教職員の重点目標への納得性を重要視します。そのために，自校の子どもが抱える教育課題を自分たちで抽出し，重点目標とその具現のための具体的取り組みを設定するという，自己決定性を担保します。全員参加型の学校づくりを進めるための組織的な教育意思形成のステップを重視します。

　この組織的な教育意思形成の段階において，「子どもの意識と行動の構造図」を活用し，自校の子どもが抱える教育課題を構造的に可視化し，教師相互の見方を有機的に交流できるようにすることが有効ととらえています。自校の子どもが抱える教育課題に適合した効果のある取り組みを組織的に設定することにより，より協働的に展開することを可能にするということです。

　実践する教師の重点目標への意識化を高め，設定した取り組みへの主体的な実践を生み出す力へとつなげていくことが，設定した取り組みの効果を生み出す源泉となるということです。

　評価段階では，アセスメントと同じアンケートを実施し，子ども，教師，保護者のそれぞれの意識と行動の変容を可視化します。そして，その変容を踏まえて次年度の計画へつなげていきます。

第2章 実践編

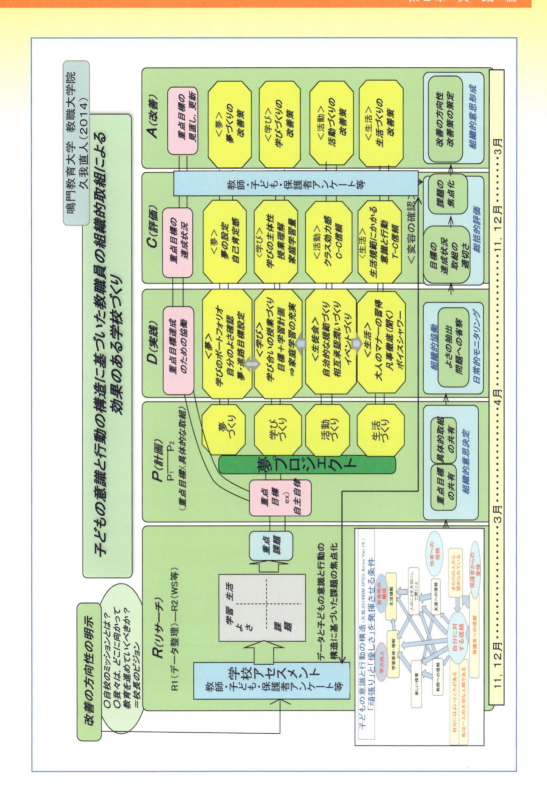

105 自校の子どもの実態を概観する省察シート

　具体的に自校の子どもが抱える教育課題を「子どもの意識と行動の構造」に照らし合わせながら可視化していきます。

　①自分への信頼はどうか？②教師，友達への信頼はどうか？③児童会・生徒会の自治的な活動はどうか？④「聞くこと」等，規範意識はどうか？⑤学びに対する主体的な意識はどうか？という問いに対して，アセスメントデータを参考にしながら，自校の子どもの特徴や課題を記述していきます。

　全教職員のとらえ方を重ねていくと多くの共通点が浮かび上がると共に，取り組むべき課題が浮かび上がってきます。この作業を実際に行うと，多くの教師から「自分のとらえ方と他の教師のとらえ方の重なりが多く安心した」という感想や「自分では気づかなかった見方を交流できて，子どもの見方を学ぶことができた」という感想が寄せられます。自校の子どもの教育課題を複眼的にとらえ直す相互省察を促します。

106 自校の子どもの実態に応じた「効果のある取り組み」の設定

　次に，可視化された教育課題を重点目標に置き換えて，その重点目標達成のための具体的取り組みを設定していきます。そのときに重要なのが，全教職員によるアイディアの創出です。このときも，子どもの意識と行動の構造を指導マップとして活用し，①夢づくり・自分への信頼づくり（進路指導・勇気づけの生徒指導），②主体的な学びづくり（学習指導），③自治的な活動づくり（特別活動），④生活（規範・マナー・習慣）づくり（規範づくりの生徒指導）について，それぞれ効果のある指導（取り組み）のアイディアを出し合います。これまで自校で大切に積み重ねてきた取り組みや個々の教師が過去の経験の中で効果的であった取り組み等を出し合います。そして，自校の子ども達にフィットし，小さなエネルギーで大きな効果が期待される取り組みを整理・統合して設定していきます。

第 2 章 実 践 編

自校の子ども達の特徴を概観してみましょう

子どもの意識と行動の構造（久我.2014IBM SPSS Amos Ver.19）
「頑張り」と「優しさ」を発揮させる条件

主体的な学びづくり	
規範（聞くこと等）の徹底	
児童会・生徒会等の自治的活動	
T-C信頼関係 C-C信頼関係	
自分への信頼（自己肯定感）	

「効果のある取り組み」のアイディアを出し合いましょう

重点課題	重点目標

夢づくり（「自分への信頼」づくり）
学びづくり（主体性と学習習慣づくり）
活動づくり（仲間づくり）
生活づくり（規範・マナー・習慣づくり）

107 自校の学校改善プランをイメージする

　設定した取り組みの効果を高めるためには，①各取り組みをストーリー性をもって配置すること，②組織としての力が分散することなく一歩ずつ，丁寧に実施していけるように一点突破型で配置すること，が鍵となります。

　4月に規範を組織的に徹底し，学びと生活の安定を図り，5月の仲間づくりで子ども相互に聞き合い，支え合う集団づくりを進め，規範と仲間づくりの上に6月の学びづくりを進める等，教育活動のストーリー性を組織としてイメージしながら進めることが，大きな効果を生み出す秘訣となります。

　また，組織的な勇気づけ（ボイスシャワー）については，全教職員が全ての教育活動で意図的に取り組む等，子どもの頑張りと優しさを生み出す取り組みを，線を揃えて実施することが，効果を生み出す鍵となります。

108 学校改善プランを推進するミドルリーダーに求められる実践力

　全員参加型の組織を動かしていくときに重要なキーマンが，4つのプロジェクトを推進しファシリテートするミドルリーダーです。

　提案場面では，各月の取り組みを明示し，組織として主体的に推進できるようにファシリテートする役割です。組織として迷わず取り組めるように条件整備も行います。

　実践場面では，日々の教師の取り組みや子どもの変容をつぶさにとらえて，取り組みの効果を可視化する役割を果たします。取り組みを続ける教師への勇気づけ効果もあり，組織力の向上にもつながります（取り組みの有効性の可視化とフィードバックによる勇気づけ）。教師だけでなく，子どもや保護者にもフィードバックして，皆を勇気づけて変容を促します。

　全員参加型の学校づくりには，組織を推進する力のあるミドルリーダーの存在とその育成が必須の条件となります。

自校の教育の展開をイメージしましょう

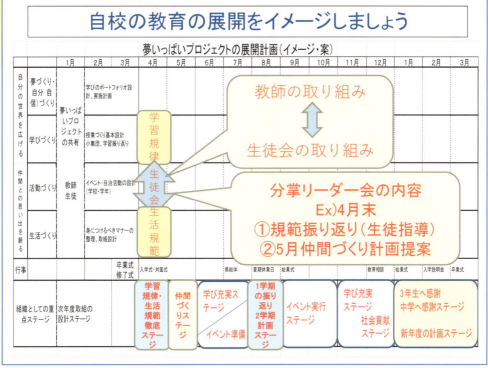

学校改善プランを推進するミドルを育成する

ファシリテーターに求められるスキル

- 校長への情報提供
  - 計画の実施・遂行管理（モニタリングと取り組み状況の可視化）
  - 子どもの変容の事実の抽出と可視化
  - ⇒ 職員会議・研修会での組織へのマイルストーンの明示

- 各ミドルリーダーとの計画実施・遂行の状況管理と共有
  - ミドル⇒教職員へ；具体的取り組みの内容と方法の明示
  - ⇒ 教職員の実践と子ども変容にかかるモニタリングと情報の共有
  - ⇒ 子どもの変容の教職員へのフィードバックと勇気づけ

- 教職員への協働の促しと勇気づけ
  - 教職員の取り組みの状況と子どもの変容の事実を可視化（通信等）し，FB
  - 子どもの変容をエビデンスベースで可視化し，中間・期末評価でFB
  - ⇒ 協働への促しと勇気づけ

- 児童・生徒
  - 学校をよりよくするための子どもの取り組みを可視化し，学校内外へPR
  - 学校外部からの評価を子どもへFB
  - ⇒ 自校の教育ブランドづくりへの自負を高める・勇気づけ

参考文献

(1) 苅谷剛彦『階層化日本と教育危機』，有信堂，2001

(2) 田中耕治『教育評価』，岩波書店，2008

(3) 久我直人『優れた教師の省察力』(2018版)，ふくろう出版，2018

(4) 河村茂雄『教師特有のビリーフが児童に与える影響』，風間書房，2000

(5) 久我直人「教師の『省察的思考』に関する事例的研究 ― 問題を抱える子どもに対応する教師の省察の過程を通して ― 」『鳴門教育大学研究紀要』，24，pp.94-107，2009

(6) 久我直人「中学生の意識と行動の構造に適合した教育改善プログラムの開発的研究 ― 教育再生のシナリオの理論と実践 ― 」『教育実践学論集』，15，pp.39-51，2014

(7) 久我直人「教師の組織的省察に基づく教育改善プログラムの開発的研究 ― 「教師の主体的統合モデル」の基本理論 ― 」『教育実践学論集』，12，pp.15-26，2011

(8) 久我直人「教師の組織的省察に基づく教育改善プログラムの理論と実践 ― 「教師の主体的統合モデル」における組織的教育意思形成過程の展開とその効果 ― 」『教育実践学論集』，14，pp1-15，2013

(9) 梶田叡一『自己意識の心理学』(第2版)，東京大学出版会，1988

(10) 水間玲子「自己評価を支える要因の検討 ― 意識構造の違いによる比較を通して ― 」『自己意識研究の現在』梶田叡一編，ナカニシヤ出版，2002

(11) Horney, K. Our inner conflicts: A constructive theory of neurosis. New York: W. W. Norton & Company. 1945 (我妻洋・佐々木謙訳 1981 ホーナイ全集5：心の葛藤 誠信書房)

(12) 池田寛『学力と自己概念』部落解放・人権研究所，2000

(13) Rosenberg, M. Conceiving the Self. New York: Basic Books, 1979

(14) 桜井茂男『学習意欲の心理学 ― 自ら学ぶ子を育てる』，誠信書房，1997

(15) 山岸俊男『信頼の構造 ― こころと社会の進化ゲーム』，東京大学出版会，1998

(16) 水野将樹「心理学研究における「信頼」概念についての展望」『東京大学大学院教育学研究科紀要』，43，pp.185-195，2003

(17) Edmondson.A 1999 Psychological safety and learning behavior in work teams Administrative Science Quaterly 44 (2), pp.350-383

おわりに

　現在の日本は経済だけでなく，「孤立社会」「無縁社会」等，精神的な閉塞感が漂っています。そのことが教育界にも負の影響を与えていることを感じます。

　子ども達が自分の将来や日本の社会に対して希望を感じにくい状況にあるように感じられます。そのような中，子ども達自身の本来持つ能力や優しさが十分に引き出されていない状況が読み取れます。

　つまり，学校教育の負の連鎖と日本社会の負の連鎖が相似形で渦巻いているということです。

　このような負の連鎖を断ち切り，正の循環を生み出す『魔法の杖』が『勇気づけ』教育，『志』育成型教育です。

　私は，日本の学校教育は教師主導になりがちで，子どものエネルギーが十分に活用されていないことを指摘しています。例えば，学習や生活の規律や規範をつくるときも，教師主導の統制型の指導に傾斜しがちです。しかし，実は子どもたちの自治的な取り組みの中で規範意識を醸成することは十分可能です。また，そのように子ども達が自治的に自分たちの手で生活改善を生み出すことに教育的意義も生まれるのです。学びにおいても然りです。『他律的な教育から自律的な学習へ』という言葉は，100年も前に木下竹二先生が「教育原論」のなかで述べられています。「自分の夢実現のために学ぶ」という自律的な学習観の醸成が必要であり，有効です。

　私は，子ども達の中に潜在し，眠れる能力や優しさに，大きな期待とともに次世代を切り拓く大きな力を感じています。子どもが自分への信頼と期待を高める教育の営みは，明日の日本を再生する力につながると考えています。つまり，「勇気づけ教育」による自尊感情の醸成は一人ひとりのもてる能力や優しさの発揮につながり，ひいては『日本社会の再生のシナリオ』へとつながっていくと考えています。

　そのような子ども達への願いと期待を込めて，本著冒頭の『立志』という

メッセージを私がかかわった学校の子ども達へ送っています。

　最後に，本研究を進めるに当たって，ご理解，ご協力いただきました研究実践校の田村誠校長先生，竹崎優子教頭先生はじめ先生方に心よりお礼申し上げます。

　また，この教育再生の仕組みは高知県教育委員会において『志育成型学校活性化事業』として事業化されました。本研究の理念と方法を深くご理解いただき，事業化していただきました中澤卓史元教育長様，田村壮児前教育長様はじめ，人権教育課の先生方に深く感謝申し上げます。

（なお，本書の実践研究は，JSPS 科学研究費（基板研究（C））23531063 並びに 15K04301 の助成を受けたものです。）

　　　　　　　　　　　　　　　　　　　　鳴門教育大学　久 我 直 人

〔著者紹介〕

久我　直人（KUGA Naoto）

国立大学法人鳴門教育大学　大学院学校教育研究科　高度学校教育実践専攻（教職大学院）　学校づくりマネジメントコース　教授。

公立学校教諭，県・政令市教育委員会教職員課指導主事・管理主事を経験し，鳴門教育大学准教授を経て，現職。

JCOPY 〈(社)出版者著作権管理機構 委託出版物〉
本書の無断複写(電子化を含む)は著作権法上での例外を除き禁じられて
います。本書をコピーされる場合は、そのつど事前に(社)出版者著作権管
理機構(電話 03-3513-6969、FAX 03-3513-6979、e-mail: info@jcopy.or.jp)
の許諾を得てください。
また本書を代行業者等の第三者に依頼してスキャンやデジタル化するこ
とは、たとえ個人や家庭内での利用であっても著作権法上認められてお
りません。

子どもの幸せを生み出す
潤いのある学級・学校づくりの 理論と実践
確かな学力を育み、いじめ・不登校等を低減する
「勇気づけ教育」の組織的展開とその効果

2019 年 11 月 30 日　初版発行

著　　者　　久我　直人

発　　行　　ふくろう出版
　　　　　　〒700-0035　岡山市北区高柳西町 1-23
　　　　　　　　　　　　友野印刷ビル
　　　　　　TEL：086-255-2181
　　　　　　FAX：086-255-6324
　　　　　　http://www.296.jp
　　　　　　e-mail：info@296.jp
　　　　　　振替　01310-8-95147

印刷・製本　　友野印刷株式会社
ISBN978-4-86186-772-9 C3037
©Kuga Naoto 2019

定価は表紙に表示してあります。乱丁・落丁はお取り替えいたします。